Miniwassergärten

GESTALTEN – PFLANZEN – PFLEGEN

MIT KOSMOS MEHR ENTDECKEN
Brunnen, Sprudelsteine & Wannen
SEIT 1822

KOSMOS

Inhalt

In 3 Schritten zum Miniwassergarten

1. SCHRITT
alles im Überblick

Am Anfang des Kapitels finden Sie das Wichtigste auf einen Blick. Seitenverweise führen Sie gezielt zu den ausführlichen Informationen.

2. SCHRITT
alles Wissenswerte

Abgeschlossene Doppelseiten bieten weiterführende Informationen zu den Themen. Entweder lesen Sie von hier aus weiter oder Sie gehen zurück zur Übersichtsseite, um das nächste Themaauszuwählen.

3. SCHRITT
alle Extras

Das könnte Sie auch noch interessieren, denn hier finden Sie Themen, die über das Wesentliche hinausgehen. Diese Seiten sind kein Muss, machen aber neugierig und Lust auf mehr.

GESTALTUNG

PRAXIS

alles im Überblick

alles Wissenswerte

alle Extras

PORTRÄTS

alles im Überblick

alles Wissenswerte

SERVICE

IDEENREICH & KREATIV

Gestaltung

Kleine Wasserwelten

S. 8

Rund oder eckig – Holz, Stein oder Kunststoff?

Mit Miniteichen und **Wasserbecken** bringen Sie auch in kleine Gärten Abwechslung. Der schönste Rahmen, die klarste Form: Wasserbecken aus Edelstahl, aus Beton oder aus Klinkern gemauert. Sie haben die Qual der Wahl. Eine gute Planung und das richtige Material sind entscheidend für eine gelungene Gestaltung. Alles über Tiefe, das Berücksichtigen der einzelnen Pflanzenzonen, über Ablässe und Überläufe finden Sie auf S. 8/9.

S. 10

MINI AUCH IN KLEINSTER FORM IST WASSER EIN ERFRISCHENDER ANBLICK. HIER GIBT ES IDEEN FÜR TRÖGE, WANNEN UND SCHALEN.

S. 14

Folienteiche bringen Leben in den Garten

Welcher Platz ist dafür am besten geeignet? Welche Form sieht am attraktivsten aus und wie soll das Teichprofil gegraben werden? Hier finden Sie Informationen über die Gestaltung der Uferlinien, Tipps zur Bepflanzung oder zum richtigen Einbinden in den Garten.

S. 16

Belebung durch Bewegung

Mit **Wasserspielen** bringen Sie Dynamik auch in die verborgensten Winkel des Gartens, sei es durch kleine Wasserfälle oder Rinnen, die sich durch den Garten oder entlang der Terrasse schlängeln. Für alle, die mit Wasserspielen vor allem Springbrunnen verbinden: Bitte direkt auf S. 18 umblättern, die Liebhaber sprudelnder Quellsteine kommen auf S. 20 auf ihre Kosten.

S. 24

Aus dem Vollen schöpfen

Brunnen mit Wasserentnahmestellen sind nicht nur eine Augenweide, sondern außerdem praktisch: Sie liefern Wasser zum Gießen. Brunnen passen nicht nur in natürlich gestaltete Bauerngärten, auch für formale Gärten gibt es moderne Lösungen.

S. 30

Deko-Ideen rund ums Wasser

So können Sie Figuren, Findlinge und andere stimmungsvolle Accessoires richtig in Szene setzen. Die persönlichen, charmanten Dinge sind es, die einen Miniteich unverwechselbar machen. Und mit Licht steht der Wassergarten auch am Abend im Zentrum des Geschehens: egal, ob Punktstrahler, Unterwasserstrahler oder doch eine schlichte Steinlaterne im Kerzenschein.

Rostig schön Der stabile wie auch farblich schöne, rostig-braune Cortenstahl eignet sich perfekt zum Bau von Hochbecken.

Wasserbecken gut in Form gebracht

In einem Becken präsentiert sich Wasser in seiner schlichtesten Form: spiegelglatt und glasklar. Das mag ein Grund dafür sein, dass manchmal auf Pflanzen gänzlich verzichtet wird, um die Symmetrie nicht zu unterlaufen. Geometrische Wasserbecken können leichter für kleine Gärten adaptiert werden als formlose Teiche. Durch ihre senkrechten Beckenkanten lässt sich mühelos jede Wassertiefe erreichen. So können auch Kleinstbecken mit tiefwasserhungrigen Schwimmblattpflanzen wie Seerosen bepflanzt werden, ohne viel Platz durch ein flach auslaufendes Ufer zu verlieren. Ob als Wasserquadrat in einem Innenhof oder als lang gezogenes Rechteck in einem Kleingarten – Wasserbecken vermitteln stets Ruhe und Entspannung.

BALKONBESITZER, AUFGEPASST!

Hochgezogene Becken sind oft die einzige Möglichkeit, sich Wasser auf einen Dachgarten zu holen. Unterschätzen Sie aber das Gewicht von Wasser und Baumaterial nicht, vor allem, wenn das Becken aus Stein ist! Ein Statiker und/ oder die Baurechtsverordnung geben darüber Auskunft, ob ein Balkon oder eine Betondecke am Dach dem Gewicht wirklich standhält.

Materialwahl

Die einfachste Möglichkeit, sich Wasser in den Garten zu holen, sind Fertigbecken, die es in vielen verschiedenen Größen und Formen zu kaufen gibt. Sie sind unkompliziert im Einbau und können innen wie außen mit Holz, Fliesen oder Klinkern verkleidet werden. Kunststoffbecken eignen sich ebenso dafür wie auch Brunnenringe mit Boden. Ein Nachteil von Brunnenringen ist, dass es keinen Auslass gibt und die Becken dadurch schwieriger zu säubern sind. Während betonierte, aus Holz gezimmerte oder gemauerte Becken eine Abdichtung brauchen, sind geschweißte Becken aus Edel- oder Cortenstahl auch ohne Teichfolie wasserdicht. Bei größeren Becken sollte unbedingt ein Sammelauslauf am Beckenboden wie auch ein Überlauf für starke Regenfälle eingeplant werden.

Wassertiefe

Sind keine Pflanzen geplant, reicht eine Tiefe von 10 cm. Möchten Sie Sumpf- und Flachwasserpflanzen oder sogar Seerosen integrieren, so sind die pflanzenspezifischen Mindesttiefen zu beachten. Entweder sorgen Sie schon beim Bau des Beckens für eine gestaffelte Höhengestaltung, etwa durch aufgemauerte Wannen, oder Sie stellen die bepflanzten Körbe auf Sockel mit den entsprechenden Maßen.

Ruhig fließt das Wasser von einem Klinkerbecken ins andere. Der Schaumsprudler bringt Dynamik in die Szenerie.

Aufeinander abgestimmt Die Höhenstaffelung der einzelnen Becken und die Beschränkung auf nur wenige Wasserpflanzen lassen diesen Miniwassergarten besonders stimmig wirken.

Modern & flexibel – Kübel, Gefäße & Tröge

Miniteiche in Gefäßen anzulegen eröffnet die reizvolle (und kindersichere!) Möglichkeit, tolle, neue Materialien auszuprobieren, die gut zum Haus und zum eigenen Stil passen. Minigartenfreaks können aus dem Vollen schöpfen: ein kleines Becken auf der Terrasse aus unverwüstlichem Niro, passend zum neuen Grill? Und ein zweites aus Beton, solide gebaut für die Ewigkeit? Oder noch eines? Klein und leicht, mit nur wenigen Wasserpflanzen und nur für einen Sommer gedacht? Kein Problem mit etwas größeren, aber noch tragbaren Kunststoffgefäßen, die es in allen Farben und Formen gibt. Ein windgeschützter, sonniger Standort, am besten mit Schatten während der heißesten Mittagsstunden, ist für einen Miniteich ideal.

Pflanzen für die kleinsten Kübel

Die gekauften Pflanzen werden meist in Gitterkörbe umgetopft und nur bei größeren Miniteichen oder auch bei ganz kleinen Wasserschalen frei ausgepflanzt. Eine Schicht Kies deckt den Boden ab, hier können die Gefäße oder Wurzelballen eingegraben werden. Um die unterschiedlichen Wasserstände zu erreichen, helfen Ziegelsteine oder andere stapelbare schwere Elemente, die Pflanzen aufs nötige Podest zu heben. Sind sie einmal eingewachsen, verdecken sie mit ihrem üppigen Wachstum den Sockel.

Material-Eigenschaften

- Betonguss: vielseitig in der Form und robust, aber schwer
- Nirostahl: kühle Erscheinung, dünnwandig und leicht
- Cortenstahl: rostiger Charme, aber schwerer als die dünnen Nirobleche
- Kunststoff: bunt und leicht, bruchsicher, flexibel und frostsicher
- Keramik: von edel bis poppig, aber zerbrechlich
- Terrakotta glasiert: schlicht, aber zerbrechlich
- Faserzement (Eternit): dünnwandig und unverwüstlich, leichter als Beton
- Emaille: auch in schönen bunten Farben, schlagempfindlich (splittert ab)

001 **Gewusst wie:** Hier finden Sie eine Checkliste, worauf man bei Töpfen und Kübeln achten sollte.

So kommen sie gut über den Winter

Mobile Miniteiche haben den großen Vorteil, dass man sie im Winter als Ganzes in einen frostfreien Raum bringen kann. Kein „Evakuieren" der Pflanzen in Eimern, die draußen, bedingt durch die geringe Größe des Teiches, möglicherweise erfrieren würden.
Viele Miniteiche werden aber ohnehin jedes Jahr neu angelegt. Dann können die oft teuren, schönen Gefäße problemlos in Garage oder Keller geräumt werden. In geschützten Lagen oder wenn ein Ort für die sichere Überwinterung fehlt, können sie notfalls auch draußen bleiben: dicht eingepackt in Luftpolsterfolie, Jutelagen oder sonstigen isolierenden Kälteschutz.

Nicht für die Ewigkeit gedacht Aber für einen bunten Sommerurlaub im Garten: Miniteiche mit wenigen Pflanzen passen auch in die kleinsten Gefäße.

Holz, Stein & Zink – aus Alt macht Neu

Warum Neues kaufen, wenn im Schuppen, am Dachboden oder auf dem Flohmarkt genügend alte Gefäße herumstehen, die niemand mehr braucht und die einen Charme haben, der den funkelnagelneuen Dingen zweifelsohne abgeht? Alles ist möglich, allerdings mit zwei Einschränkungen: Die Gefäße müssen dicht sein oder zumindest leicht abzudichten sein und sie dürfen keine Stoffe ans Wasser abgeben, die Pflanzen oder Tieren schaden können.

Schwerwiegend Prüfen Sie, ob ein wassergefüllter Steintrog auf Terrasse oder Balkon überhaupt möglich ist. Auch im Garten kann ein kleines Fundament notwendig sein, um den Trog nicht ins Erdreich einsinken zu lassen.

Neue Verwendung für alte Zinkwannen Vorsicht bei Metallgefäßen: Manche Metalle oxidieren bei Kontakt mit Wasser.

Steintrog

Ein Miniteich aus Granit sieht mit seinen dicken, aus solidem Stein gehauenen Wänden so aus, als wäre er immer schon da gewesen. Der Eindruck täuscht, denn auch bei den alten Futtertrögen müssen Sie an den Winter denken: entweder Wasser und Pflanzen herausnehmen oder den schweren Trog ins Haus holen. Gefäße aus Stein sind zwar meist dicht, aber auch hier erlebt man mitunter seine Überraschungen. Schon kleinste Haarrisse können bedeuten, dass der Teich ständig leckt. Abdichtungen gelingen aber selten in ansprechender Form, ein Dilemma, das sich nur über eine vorherige Dichtheitsprobe beim Händler oder zu Hause vermeiden lässt.

Holzfass

In Fässern ist nicht nur Wein gut aufgehoben. Halbiert und bepflanzt mit hübschen Wasser- und Schwimmblattpflanzen geben sie – wie auch alte Waschzuber – ein originelles Bild von einem Wassergarten ab. Lassen Sie Wasser ein paar Tage darin stehen und markieren Sie vorher den Wasserstand. Verliert es nicht mehr als durch die natürliche Verdunstung, können Sie loslegen, vorausgesetzt natürlich, das Fass enthält keinerlei schädliche Rückstände des vorigen Inhalts. Manche Hölzer wie Eiche färben außerdem das Wasser braun. Um das zu verhindern, müssen Sie die Fässer innen mit Teichfolie oder mit Glasfaser/Epoxidharz auskleiden oder mit einer Schutzschicht Lack anstreichen. Sind sie undicht, muss ohnehin neu abgedichtet werden. Die kleine, oftmals runde Form, die sich ergebenden Falten und die Frage des auch optisch ansprechenden Übergangs zum Fass sollte beachtet werden. Stellen Sie Holzgefäße stets auf zwei Querlatten oder auf eine Lage Kies statt auf Erde, damit sie von unten keine Feuchtigkeit aufnehmen und vorzeitig kaputtgehen.

Kunststoff

Alte Mörtelwannen, Waschschüsseln, Babybadewanne – auch sie lassen sich in Miniteiche verwandeln. An die Schönheit eines Holzfasses oder eines alten Steintroges reichen sie aber kaum heran. Macht nichts, man kann sie dafür aber leicht eingraben und einen Fertigteich oder auch ein Mini-Moor daraus machen.

Folienteich Diese etwas großzügigere Terrasse bietet auch Platz für einen kleinen Folienteich.

Kleine Teichoasen – Folien- & Fertigteiche

Wenn Sie einen attraktiven Lebensraum mit vielen neuen Arten in den Garten integrieren möchten, dann sollten Sie einen Teich anlegen.

Form & Tiefe

Eine Tiefe von 60 bis 70 cm ist für kleine Teiche ausreichend. Natürlich können Sie das Feuchtbiotop auch seichter graben, doch bedeutet das eine weitere Einschränkung in der Pflanzenauswahl und meist auch einen höheren Pflegeaufwand aufgrund des kleineren Wasservolumens. Bei Fertigteichen ist die Form samt einzelnen Pflanzzonen vorgegeben. Bei Folienteichen haben Sie mehr Gestaltungsmöglichkeiten. Wählen Sie einen Platz mit sechs bis sieben Stunden Sonne pro Tag. Sträucher oder Sichtschutzwände spenden Schatten, am besten zur Mittagszeit.

Gestaltungstipps für kleine Folienteiche

- Einfache Uferlinien wirken überzeugender als allzu verschnörkelte.
- Verwenden Sie in der Nähe von Figuren, Quellsteinen und Stegen nur niedrige, nicht wuchernde Wasserpflanzen.
- Die Uferböschung sollte nicht steiler als im Verhältnis 1:3 gegraben werden.
- Schön geformte Findlinge lockern den Uferbereich auf.
- Zugang zum offenen Wasser freihalten, zum Beispiel durch einen Holzsteg.

KLEINE TEICHE BLÜHEN GROSS AUF

Es gibt eine große Anzahl an wunderschön blühenden Wasserpflanzen, die sich in kleinen Teichen wohlfühlen. Wasserpflanzen haben generell die Tendenz, aufgrund ihrer optimalen Versorgung üppig zu wachsen. Setzen Sie auf keinen Fall starkwüchsige Wasserpflanzen wie Schilf oder Schmalblättrigen Rohrkolben, sondern greifen Sie auf für Miniteiche empfehlenswerte kleinere Arten und Sorten zurück. Pflanzenbeschreibungen finden Sie ab S. 54.

Einbindung in den Garten

Wenn Sie intensiv am Teichleben Anteil nehmen wollen, sollten Sie einen Holzsteg am Uferrand anlegen oder gleich einen gemütlichen Sitzplatz am Wasserrand planen. Von hier aus lässt sich alles entspannt beobachten. Ein schmaler Pfad aus Trittplatten oder ein gepflasterter Weg sorgen für die Anbindung des Sitzplatzes oder Teiches an das Haus.

Denken Sie bei der Teichgestaltung auch ans trockene Ufer jenseits der Folie. Gräser und üppig wuchernde Blüten- wie Blattschmuckstauden schaffen weiche, fließende Übergänge zum umliegenden Garten.

Gut eingewachsen Nach Jahren verschwimmen dank der Randgestaltung mit Blütenstauden die starren Grenzen des Schalenteiches – der Teich wirkt gut eingebunden.

Kleine Fertig-Wasserbecken lassen sich unterschiedlich bepflanzen und ergeben, einmal eingewachsen, ein interessantes Ensemble.

Wasser im Fluss

Warum nicht einen Minibachlauf mit einem kleinen Teich kombinieren? Das muntere Plätschern bringt eine ganz neue Note in den stillen Teich: Eine glucksende und heitere Melodie gesellt sich zum Gequake der Frösche. Durch die Umwälzung und ständige Bewegung gibt es auch keine Probleme mit Stechmücken, denn die mögen stehendes Gewässer lieber.

Vom Teich zum Bach

Der Teich fungiert als Sammelbecken für den Bachlauf, wo eine Tauch-Kreiselpumpe das Wasser zum Ursprung führt, die Zirkulation tut der Wasserqualität gut. Das Problem mit dem Teichaushub wäre in diesem Fall auch gelöst: Er wird einfach zum Modellieren und Bau des Bachlaufes verwendet. Steil abfallende Bachläufe lassen sich besser mit kantigem Steinmaterial bauen, flache Wiesenbäche mit runden Findlingen.

Ständig im Fluss

Ruhiger geht es zu, wenn Wasser über Pflasterrinnen oder abgestufte Becken mit kleinen Niveauunterschieden geleitet werden soll. Da-

Ausgeklügelte Steinverwendung Einmal als Pflaster aus spaltrauen Polygonalplatten, dann als Bruch in verschiedenen Größen in der Wasserrinne.

In einem Zug Die Wasserrinne wurde zusammen mit dem Sitzplatz geplant und ausgeführt. Wegen des gleichen Materials fügt sich die Rinne sehr harmonisch ein.

Das Wasser fließt über die auf einem Gitter liegenden Steine in ein unterirdisches Becken.

Dieses Fertigmodell lässt sich in Einzelteile zerlegen. Alle Komponenten sind aufeinander abgestimmt.

Weniger ist mehr: Die schmale Wasserrinne ergießt sich in ein kleines, versenktes Becken.

bei muss das Wasser nicht schnurgerade laufen. Ausgemeißelte Steinrinnen leiten Wasser auch spiralförmig oder in einer anders gearteten, verspielten Form ab. Solche ruhigen Inszenierungen können einen Garten kreuzen, einen Sitzplatz umfließen oder auch als zentrales Gestaltungselement verwendet werden. Schön sieht auch das Zusammenspiel zwischen Rinne und Fall aus. Dabei ist zu beachten, dass der Wasserfall nicht zu hoch gerät. Ein ständiger Spritzwasserverlust wäre die Folge. Achten Sie in „stürmischen“ Gegenden auch auf Windabdrift!

Klarer Fall: Wasservorhang

Wasser bildet, in einem Schwall über eine breite Edelstahlkante geleitet, einen glasklaren Wasservorhang. Solche Wasserfälle lassen sich wunderbar mit Mauern kombinieren, ob sie nun aus Naturstein, Beton oder Klinkern sein mögen. Das Zuleitungsrohr wird einfach im Mauerwerk versteckt. Die Pumpe kann entweder im Sammelbecken darunter eingebaut oder extern in einem eigenen Schacht versteckt werden.

SPOT ON!

Durch die plätschernde Melodie üben Wasserfälle auch noch in der Dämmerung eine magische Anziehungskraft aus. Ins richtige Licht gesetzt werden sie abends neu zum Leben erweckt. Ob in kühles Blau getaucht oder in warmes Gelb, Unterwasser- oder Punktstrahler sind dafür genau das Richtige. Planen Sie die Beleuchtung möglichst gleich beim Bau des Miniwassergartens mit ein. Verzichten Sie aber auf aufwendige Lichtspiele. Nachtaktive Insekten werden es Ihnen danken.

Beckengröße und Wasserspiel müssen in Form und Größe aufeinander abgestimmt sein und zueinander passen. Hier setzt der Spring-brunnen die runde Geometrie des formalen Beckens aus Corten-Stahl fort.

Wasser in Schwung gebracht

Effektdüsen bringen Wasser in jede gewünschte Form. Sehr effektvoll sind mit Glasfaserlicht durchflutete, impulsgesteuerte Wasserschlangen, die von einem Becken ins nächste hüpfen. So viel Hightech kann in einem kleinen Garten vielleicht auch fehl am Platz sein, doch elegante Wasserglocken oder kleine Springbrunnen sind ein würdiger Blickfang in einem sonst schlichten Becken. Höhe und Größe des Wasserspiels sollte mit der Dimension des Wasserbeckens harmonieren. Ist das Becken zu klein oder das Wasserspiel zu groß, so kann Windabdrift zu empfindlichen Wasserverlusten führen.
Übrigens: Beim Kauf von Tauch-Kreiselpumpen ist meistens schon ein Kunststoffdüsensatz samt Verlängerungsrohr dabei.

Mit Luft gesprudelt

Während Glocken transparent wie Seifenblasen schillern, hat Wasser, das mit Luft versetzt wird, eine gänzlich andere Wirkung: Es nimmt die Farbe weiß an. Solche Schaumsprudler erinnern an aufsteigende heiße Quellen und Geysire und sind sowohl in formalen Becken wie auch in kleinen Naturteichen sehr beliebt. Sie können als einzelne Säule oder in abgestuften Höhen auch in einer Dreiergruppe verwendet werden. Abseits dieser gängigen Gestaltung können Schaumsprudler auch ein origineller Anfang eines Bachlaufes sein. Eine andere Möglichkeit besteht darin, eine Steinplatte einmal oder mehrfach zu durchbohren und sie waagrecht in einem Teich oder einem Becken einzubauen – als sprudelnder Wassertisch. In Kombination mit alten Schleif- oder Mühlsteinen ergeben sich weitere attraktive Wasserspiele mit Schaumsprudlern. Beckenränder oder Teichufer mit ihren Findlingen bieten einen perfekten Platz für wasserspeiende Figuren. Ganz oben in der Hitliste stehen Enten, Fische, Frösche oder Wasservögel, doch auch Flötenspieler oder Wassernixen bevölkern die Uferlandschaft und sorgen für Abwechslung in der Teichkulisse.

Drei aufeinander abgestimmte Schaumsprudler wagen ein munteres Tänzchen im blühenden Staudenbeet.

Die technisch kühle Inszenierung aus Edelstahl, Klinkern und Bambus bleibt trotz der Dynamik sachlich.

WASSERRESERVOIR

Ob unterirdisch versteckt als Behälter und mit einem Gitter und Steinen abgedeckt oder am offenen Gewässerrand – Wasserspiele brauchen immer ein Reservoir, von dem aus die Figur mit einer Pumpe angespeist wird und wo sich das Wasser wieder sammeln kann. Wird das Reservoir lichtdicht abgedeckt, unterbleiben Stechmücken- und Algenplage.

Sprudelnde Tropfen – Quellsteine

Wasser in seiner kleinsten Form: Manchmal genügen schon ein paar Tropfen. So lassen sich größere Kieselsteine durchbohren und auf ein schlankes, senkrechtes Zuleitungsrohr auffädeln. Der tröpfelnde Wasservorhang verhilft den ansonsten stumpfen Kieselsteinen zu schillerndem Glanz. Natürlich lassen sich auch Steintürmchen aus flachen Schieferplatten bauen. Möchte man mehr Wasser, so wird aus einem Tropfstein ein Quellstein. Dabei müssen Sie nicht unbedingt einen naturbelassenen, schönen Findling anbohren. Ebenso gut eignen sich kantige Felsblöcke oder eine flache Steinplatte. Als Quellstein können auch gedrechselte Steinkugeln oder geschnittene Steinwürfel dienen.

Ein Schirm voll Regen

Spannend und abwechslungsreich können Tropfen auch in Kombination mit Figuren eingesetzt werden. Still aus den Augen kullernde Tropfen ähneln Tränen und geben einer aus Blech geschnittenen Kunstfigur eine sehr persönliche, melancholische Note. Viele Motive zum Thema Wasser bedienen sich dieses Effekts. So vermitteln zum Trinken geformte Kinderhände, von denen es stetig tropft, ebenso Lebendigkeit wie ein unter dem Tröpfchenvorhang eines Regenschirms kauerndes Paar.

Natürlich Stein Ein Quellstein muss nicht immer rund sein. Dieses in den Stein gehauene Relief eines Ammoniten ist ein origineller Einfall.

Alles vernebelt

Einen ganz besonderen Effekt haben Zerstäubungsdüsen, die Wasser in Millionen kleine Tröpfchen teilen. Sie tauchen raue, rohe Steinblöcke in geheimnisvolle weiße Wolken. Der Wasserfilm verpasst den Steinen eine sattere, dunklere Farbe, der Nieselregen wird als wohltuende Erfrischung empfunden: Tritt man in die Nähe der Zerstäubungsdüsen wird man von einem angenehm kühlen Nebel berührt. Ein schöner Nebeneffekt tritt auf, wenn die Sonne scheint – dann spannt sich ein Regenbogen. Solche Inszenierungen brauchen allerdings eine gewisse Größe von mehreren Quadratmetern, um voll zur Geltung zu kommen. Auch sollten Sie den Nebel windgeschützt, etwa zwischen zwei Steinplatten, austreten lassen, damit sich die Abdrift und der Wasserverlust in Grenzen halten.

Orgelpfeifen und Wasserquirle

Wer es origineller haben möchte, kann in die Trickkiste der Wassermagie greifen. Da wäre einmal ein magischer Hahn zu vergeben, der scheinbar nur vom Wasserstrahl selbst gehalten wird und keine Zuleitung hat – die versteckt sich unsichtbar im Wasserstrahl selbst. Verspielt sehen auch feine quirlartig austretende Wasserstrahlen aus.

Durch die feine Teilung wirken solche Anlagen zierlicher und passen manchmal besser ins städtische Umfeld als ein natürlicher Quellstein.

Man kann sich auch Komplettsysteme für Teiche oder Wasserbecken kaufen. Hier sind alle Komponenten wie Licht mit automatischem Dämmerlicht-Einschalter, Pumpe und Effektdüsen aufeinander abgestimmt.

SPRUDELNDE VARIATIONEN

1. **Nicht zu klein, nicht zu groß** Harmonische Abstimmung zwischen Bepflanzung und Quellstein.
2. **Einladung zum Spielen** Kieselsteinkreis auf einem umspülten Mühlstein.
3. **Runde Sache** Licht-Kugel, Kieselsteinkreis und Quellstein: konsequent umgesetzte Form.

Für wenig Platz Ein asiatisch schlichter Wasserwürfel zwischen Farnen und einem japanischen Fächer-Ahorn.

Schlicht & elegant — Asia-Flair

Wasser spielt in asiatischen Gärten seit Jahrhunderten eine große Rolle. Und selbst in jenen Gärten, in denen kein einziger Tropfen zu finden ist, ist es präsent: Kunstvoll gelegte Steine stellen einen Bachlauf, Wellen am Seeufer oder einen Wasserfall dar. Wasser und Stein gehören im asiatischen Garten zusammen. Und obwohl Asien nicht gleich Asien ist, gibt es trotz aller Unterschiede einige Gemeinsamkeiten.

Tradition & Moderne

Typisch für asiatische Wassergärten sind kleine Wasserspiele mit hörbaren Geräuschen, z. B. Shishi-Odoshi (Foto S. 23 Mitte), oder im Gegensatz dazu stille, schlichte Wasserelemente wie Brunnen, Schalen oder Wasserwürfel aus Stein.
Asien steht aber auch für Moderne und schlichte Eleganz. Zeitgenössische Architektur und eine

unerhörte stilistische Genauigkeit und Konsequenz in der Gestaltung zeichnen moderne asiatische Gärten aus. Für kleine Grünflächen in der Stadt, Innenhöfe, aber auch auf Balkon und Terrasse lassen sich hier Anleihen nehmen, wie Wasser auf kleinem Raum gekonnt umgesetzt werden kann. In Kombination mit eleganten Gartenmöbeln, großzügigen Glasfronten und einem schönen Steinpflaster entstehen bewusst zeitgemäße urbane Oasen, die an die strenge, aber harmonische Zurückhaltung von traditionellen chinesischen Teegärten erinnern.

Spiegeleffekte

Auch die spiegelnde Wasserfläche ist ein oft genutztes Gestaltungselement in der asiatischen Gartenkunst. Ein Teich wird sehr häufig so angelegt, dass sich – von bestimmten Punkten aus gesehen – der runde Vollmond exakt darin verdoppelt und den Garten nachts in ein helles, zauberhaftes Licht taucht: ein für Europäer ungewöhnlicher Zugang zum Gestalten eines Gartens.
Auch kleine Teiche können effektvolle Spiegelbilder erzeugen, ihre Lage und ihr Bezug zu potenziellen oder schon vorhandenen Sitzplätzen sind aber dann umso entscheidender. Damit sich Spiegelungen überhaupt ergeben, darf der Teich allerdings nicht bewachsen sein.

Weitere Elemente für den Asia-Garten

- Pagoden aus Stein
- Große Steine, effektvoll und mit Spannung zueinander gesetzt
- Gebogene Steinbrücken über Bachläufe oder Teiche
- Laternen in traditioneller Form oder modern
- Buddha-Figuren, asiatische Tier- oder Götter-Skulpturen
- Pflasterbeläge aus Naturstein, etwa Kieselsteinpflaster
- Bedeckung von Oberflächen mit Splitt (Zen-Garten)
- Zäune oder Sichtschutzelemente aus Bambus
- Pflanzen aus Ostasien: Japanischer Fächer-Ahorn, Bambus, Blüten-Kirsche
- Pflanzen, die ebenfalls dazu passen: Farne, Gräser, Rhododendron, Azaleen, Koniferen
- Niwaki (Garten-Bonsai)

Einige wenige Elemente wie Laterne, Wasserspiel und Steine genügen für eine asiatische Ecke.

Traditionell Wird das Bambusrohr mit Wasser gefüllt, senkt es sich und schlägt beim Entleeren auf den Stein.

Beschränkung auf das Wesentliche und zurückhaltende Bepflanzung sorgen für meditative Ruhe.

Brunnen für kleine Gärten

Im Meer wogender Halme und Blüten oder solo als markanter Blickpunkt im Vorgarten – Brunnen sind seit jeher beliebte und hochgeschätzte Stilmittel in der Gartengestaltung. Daher haftet ihnen etwas zeitlos Schönes, Beständiges an. Brunnen lassen sich auch ideal in kleine Innenhöfe oder schattige Gartenecken einplanen.

Der richtige Platz

Große Standbrunnen aus Stein wiegen weit über 100 kg. Ein späteres Verrücken oder Umstellen ist kaum möglich. Wählen Sie den Standplatz des Brunnens daher mit Bedacht. Das Schmuckstück des Gartens sollte gut gesehen werden können: Am Rande eines Sitzplatzes, in Hausnähe, beim Eingangsbereich oder als markanter Blickfang in einem Innenhof. Denken Sie auch an eine Anbindung an den restlichen Garten, sei es auch nur durch ein paar Trittsteine. Ein kleiner gepflasterter oder mit Kies bedeckter Bereich um den Brunnen hält die Pflanzen auf Abstand. Der Brunnen ist gut zugänglich und bodennahes erdiges Spritzwasser bei Starkregen kann die Steinoberfläche nicht beschmutzen. Jeder Brunnen sollte einen Ablass am Boden und einen Überlauf haben. Praktischerweise werden Ablass und Überlauf mit einem einschraubbaren Überlaufrohr verbunden.

Aus einem alten Pressstein, einem Auslass aus Bronze samt Blumenmanschette und einer Pumpe im versteckten Wasserreservoir wurde dieses Wasserspiel geschaffen.

Im Zentrum des Gartens

Früher waren Brunnen oft die einzige Wasserstelle in Haus und Hof. Es lag also nahe, die Gestaltung eines Gartens einzig und allein auf ihn auszurichten. So stand der Brunnen meistens inmitten eines Nutz- und Blumengartens – als Sammelpunkt gewissermaßen. Klösterlicher bzw. bäuerlicher Tradition folgend stehen solche Brunnen am Kreuzungspunkt von vier zusammenlaufenden Wegen. Im Unterschied zu reinen Zierbrunnen, bei denen das Wasser mittels einer Pumpe im Kreis zirkuliert, haben solche Brunnen einen gewöhnlichen Wasseranschluss, der zum händischen Gießen des Gartens genutzt werden kann. Durch einen abnehmbaren Schnellverschluss am Auslassrohr (Bajonett oder Gardena-System) kann der Gartenschlauch auch direkt und schnell mit dem Brunnen verbunden werden. Ein kleines Gitter aus Eisen ermöglicht das bequeme Abstellen der Gießkanne. Der Brunnentrog kann auch als Reservoir dienen. So haben Sie immer warmes, abgestandenes Gießwasser zur Verfügung. Vorsicht aber vor Algen und Stechmücken! Gegen die Plagegeister hilft auf die Dauer nur eine hübsche Abdeckung. Ein schön geschnitzter Holzdeckel macht sich zu einem rustikalen Brunnen gut.

Das brauchen Sie

- Stromanschluss für Pumpe und eventuelle Beleuchtung
- Fundament oder festen Untergrund für Standfläche
- Abwasseranschluss an einen Sickerschacht oder Kanal
- Überlauf mit Verbindung zu einem (meist unter der Erde liegenden) Sammelbecken

Für einen Brunnen braucht es nicht viel Platz. Der Überlauf des Steinbeckens ist vorne sichtbar und zeigt das fließende Wasser ein zweites Mal.

FÜR NOSTALGIE-LIEBHABER

Alte Steintröge lassen sich perfekt für einen Brunnen verwenden. Durch ihr natürlich verwittertes Aussehen, vielleicht noch mit Moos bewachsen, sind sie alleine schon ein Schmuckstück. In Kombination mit einem Gusseisenstandbrunnen ergibt sich besonderer Platz.

Der Brunnen wurde in die Mauer integriert. An die Schnellkupplung kann ein Schlauch angeschlossen werden.

Wandbrunnen – dekorative Wasserspender

Sie haben einen zauberhaften Charme, benötigen wenig Platz und verwandeln langweilige oder schattige Mauerecken und Winkel in neue, spannende Gartenecken. Es gibt fertige, moderne Lösungen aus Edelstahl oder Terrakotta, die einfach zu montieren sind. Wer es lieber individuell oder romantisch haben möchte, der sollte sich auf die Suche nach einem besonderen Stück machen: Kunstvoll aus Stein gemeißelte Becken, kombiniert mit einem handgeschmiedeten verzierten Rohr – aus diesen Elementen lässt sich ein herrlicher Wandbrunnen bauen. Planen Sie gar eine Mauer mit Klinkersteinen zu verblenden, so wäre es naheliegend, auch das Becken aus dem gleichen Material zu mauern.

Edel aus Bronze

Sehr edel in Kombination mit Wandbrunnen sehen Auslässe aus Bronze aus. Schlicht und elegant wirken gerade und am Ende gebogene Rohre, die mit einer Blumenmanschette zur Mauer hin abschließen. Der Auslass selbst kann jedoch auch die Gestalt eines Schlangen- oder Löwenkopfes annehmen. Die Durchflussmenge sollte sehr gering sein, um die Idylle eines echten Brunnens vorzuspiegeln. Dazu braucht es eine sehr kleine und leistungsschwache Pumpe.

Klinkersteine sind das geniale Ausgangsmaterial für Mauerverblendung und Wandbrunnen. Das Becken sollte innen mit einer Folie abgedichtet werden.

Farbenfroh aus Keramik

Wandbrunnen aus Keramik mögen zwar nicht so robust sein wie jene aus Naturstein oder Klinkern, in der Farbauswahl gibt es dafür keinerlei Einschränkungen. Bevorzugt verwendet werden tiefblaue Töne, weil sie wunderbar zum Wasser passen, doch auch flaschengrün oder ein knalliges Orange oder Rot ist denkbar. Wenn Sie selbst Hand anlegen möchten, verkleiden Sie einfach ein Betonbecken selbst mit Fliesen. Für eine runde Beckenform ist ein Splittermosaik besonders geeignet. Ornamental verzierte Fliesen, wie man sie in Südspanien oder im arabischen Raum antrifft, verbreiten eine orientalisch-exotische Stimmung. Die Fliesen sollten allerdings frostfest sein, um im Winter keinen Schaden zu nehmen.

Der blanke Edelstahl-Auslauf wirkt sachlich, kühl und nüchtern – perfekt für formale, architektonisch angelegte, moderne Gärten.

Modern aus Stahl

Ob im rostigen rotbraunen Gewand wie Cortenstahl oder makellos silbrig glänzend wie Edelstahl: In einem modern gestalteten Garten machen sich Schmuckstücke aus Stahl bestens. Besonders stimmig wirken solche Wandbrunnen, wenn das Material auch an anderen Stellen im Garten verwendet wird. Wie bei anderen Wandbrunnen auch, sollten Sie auf einen Ablass am Beckenboden und einen Überlauf achten.

Kein Trinkwasser!

Meist hilft man sich mit chemischen Zusätzen oder physikalischen Reinigungsmethoden wie UVC-Vorklärgeräten, um das Wasser frei von Algen zu halten. Vorsicht: Wasser aus Wandbrunnen lädt dazu ein, getrunken zu werden. Klären Sie unwissende Gäste oder Kinder auf oder bringen Sie ein Schild an: Kein Trinkwasser!

Einfach zu bauen, groß in der Wirkung! Solche Wasserfälle gibt es auch als Komplettbausätze zu kaufen. Mauer und Brunnenbecken müssen Sie allerdings selbst errichten.

Sumpfig schön – Mini-Moor

Moorpflanzen faszinieren! Sie sehen anders aus, sind in der Natur selten geworden und die sogenannten Karnivoren besitzen sogar die Fähigkeit, Insekten zu fangen: Der Rundblättrige Sonnentau holt sich die Fliegen mit seinen klebrigen Tentakeln und die Venusfliegenfalle lässt ihre Blattfallen blitzschnell zuschnappen. Mit etwas gärtnerischem Know-how ist es möglich, sie im Garten anzusiedeln. Manche brauchen ein wenig Winterschutz, aber unter optimalen Bedingungen sind Moorpflanzen erstaunlich robust und bereiten viel Freude.

Pflanzen fürs Moorbeet

Alle Moorbeetpflanzen meiden Kalk und brauchen einen sauren, humosen, nährstoffarmen Boden. Da kommt man um den Torf als Pflanzsubstrat nicht herum, wiewohl Torf im restlichen Garten zu Recht zunehmend verpönt ist. Überlegen Sie daher gut, wie groß Ihr Moorbeet wirklich werden soll, und beginnen Sie als Anfänger lieber im kleinen Maßstab: mit einem Moorbeet im Balkonkasten oder in einem kleinen Gefäß oder Steintrog.
Nehmen Sie niemals Pflanzen aus der Natur, sondern kaufen Sie bei Spezialgärtnereien ein! Das Sortiment an Moorbeetpflanzen und vor allem an Karnivoren wie dem lila blühenden Fettkraut oder der attraktiven Schlauchpflanze ist groß und erfreut sich wachsender Beliebtheit. Mit hübschen gelben Blüten überzeugt die Trollblume, mit frischgrünen Farnwedeln der Sumpffarn und wer Platz für einen kleinen Strauch hat, kann den duftenden Sumpf-Porst dazupflanzen.

Voller Pflanzenschätze Kannenpflanze und andere Karnivoren lieben den sauren Boden eines Mini-Moors.

Torf und Wasser

Um Torf zu sparen und Wasserspeicher zu schaffen, leisten umgedrehte Plastiktöpfe gute Dienste. Der grobfasrige Torf muss ungedüngt, unbehandelt und nur mäßig zersetzt sein und einen pH-Wert von 3 bis 5 haben.

Das Gießwasser sollte möglichst kalkfrei sein. In den meisten Gegenden kommt nur Regenwasser in Frage, als kurze Überbrückung geht auch destilliertes Wasser. Bedenken Sie, dass Sie im Sommer einen gewissen Vorrat an Regenwasser benötigen!

Schritt für Schritt zum Moorbeet

1. Standort bestimmen: volle Sonne, Randbereiche können im Halbschatten liegen.
2. Mulde bzw. Gefäß mit Teichfolie auslegen. Alternativ kann ein Fertigbecken oder eine Mörtelwanne eingebaut werden. Oberflächenwasser sollte nicht ins Moorbeet gelangen können (um Nährstoffeintrag zu verhindern).
3. Wasserspeicher einbauen: umgedrehte, saubere Töpfe oder Eimer (mit Löchern) auf die Folie bzw. in das Gefäß stellen.
4. Torf dazwischen und darüber einfüllen, mit Regenwasser anfeuchten und sorgfältig festdrücken, setzen lassen.
5. Moorbeet bepflanzen.
6. Für die Dekoration bitte keine Kalksteine, sondern Granit oder Gneis verwenden.

002

Üppige Pflanzenvielfalt: Die besten Pflanzen für ein Sumpfbeet mit saurem Bodensubstrat lernen Sie hier kennen.

Wollig weich Durch die scheinbar lange Blütezeit spielt das Wollgras mit seinem unverkennbaren wolligen Fruchtschmuck den Trumpf vieler Gräser aus: eine lange Zierde.

Rasen im Moorbeet? Pillenfarn liebt saures Milieu und ist ein guter Bodendecker.

Ein Fossil am Teichrand Der aus dem Schotterbett nach Luft schnappende Fisch reizt zum Zupacken.

Runde Formen wie diese das Licht reflektierenden Metallkugeln passen besonders gut zu amorphen Teichen.

Der kleine gusseiserne Frosch bringt eine persönliche, sympathisch verspielte Note in den Wassergarten.

Deko & Licht für Miniteiche

Kleine Dinge zeigen oft große Wirkung. Erst mit liebevoll arrangierten Details schaffen Sie die einzigartige Kulisse, die Ihrem Miniteich eine persönliche Note verleiht. Für naturnah gestaltete Teiche bieten sich Fundstücke und natürliche Materialien für die Ausgestaltung des Ufers an. Etwa ein alter knorriger Ast, der aus dem Wasser ragt, bizarre, schön geformte Steine oder bunte Kiesel. So finden auch Sammelstücke von Reisen oder Spaziergängen einen Platz. Bei Asia-Wassergärten gibt es eine ganze Palette an traditionellen Deko-Materialien aus Stein wie Pagoden, Laternen und Figuren, aus denen Sie wählen können.

Figuren für Wassergärten

Aber auch Figurenschmuck wie Fische, Enten und Frösche sind zur Auflockerung des Ufers willkommene Gäste. Bei keinem anderen Gartenthema ist die Auswahl an Figuren so verlockend groß wie beim Thema Wasser. Da tummeln sich Wassergeister neben Elfen, Nixen neben Libellen und Störchen, Wasser spuckende Delfine neben gießenden Zwergen.
Sehr dekorativ wirken entlang eines formalen Beckens auch schöne Terrakottaskulpturen oder -gefäße. Sie können mit mediterranen Pflanzen wie Orangen- oder Zitronenbäumen bepflanzt werden.

Stimmungsvolles Abendlicht

Durch eine raffinierte Beleuchtung erstrahlt der Wassergarten auch nach Sonnenuntergang. Mit Origami-Seerosen, die mit Teelichtern bestückt und wie Schiffchen ins Wasser gesetzt werden, können Sie den Teichrand ebenso dezent in Licht tauchen wie mit Steinlaternen oder Ölfackeln. Da ist es gedanklich nicht mehr sehr weit zu Feuerkörben, Windlichtern oder sogar einer kleinen Feuerstelle am Ufer fürs sommerabendliche Chillen und Grillen.

Mit elektrischem Licht sollten Sie im Garten generell sparsam umgehen. Das senkt nicht nur Stromkosten, sondern schont auch die Umwelt. Für nachtaktive Insekten sind Gartenleuchten oft gefährliche Lichtfallen. Lassen Sie ihnen zuliebe stärkeres Licht nicht mehr als zwei Stunden nach der Dämmerung eingeschaltet. Vermeiden Sie nach oben abstrahlende Lampen und Fassadenfluter.Gegen eine dezente, abendliche Teichbeleuchtung ist aber nichts einzuwenden. In Kombination mit Solarzellen fahren Sie zum Nulltarif und sparen sich die Verlegung einer Stromleitung, denn Solarleuchten haben die Zellen im Gehäuse integriert.

Für Wasserbecken oder Wandbrunnen bieten sich Unterwasserstrahler oder Punktstrahler an. Sie bündeln die Lichtstrahlen und tauchen etwa den Löwenkopf eines Wandbrunnens in ein magisches Licht. Sparsamer Einsatz braucht intelligente Technologien. Zeitschaltuhren ermöglichen eine genaue, tagesaktuelle Programmierung. Verwenden Sie nur Strahler, die für den Außenbereich zugelassen sind und alle technischen Bestimmungen erfüllen (TÜV und DIN-Normen).

003 **Gewusst wie:** Lassen Sie Ihren Miniteich auch in der Dämmerung erstrahlen.

Vogeltränken können sehr dekorativ sein. Das blaue Mosaik passt optimal gut zum Thema Wasser.

Die dunkle, spiegelnde Wasseroberfläche bietet der schwimmenden Faltseerose eine perfekte Bühne.

BAUEN, PFLANZEN, PFLEGEN

Praxis

Praxiswissen kompakt

S. 36

Die richtige Planung

Vom Ideenpool zur Realisation: Wasser verzaubert jeden Garten. **Schritt für Schritt** von der Bestandsaufnahme zum Detailplan, von der richtigen Abdichtung bis **zum fertigen Teich.**

S. 40

Miniteiche selbst bauen

Mit Schalenteichen lässt sich ein Miniwassergarten in wenigen Stunden errichten. Vom ersten Spatenstich zum fertigen Biotop: Alles über das Ausheben der einzelnen Teichzonen, das Verlegen von Vlies und Folie, das richtige Einbringen von Schotter und Substrat wird hier beschrieben.

S. 42

Technik gehört dazu

Hinter jedem Bachlauf, hinter jedem Wasserfall steckt eine **Pumpe**. Die richtige Wahl ist hier entscheidend. Das Angebot ist sehr umfangreich – nicht jede Pumpe erfüllt das jeweilige Anforderungsprofil. Sie muss genau für die benötigte Leistung maßgeschneidert sein. Ist sie zu schwach, wird der erwünschte Effekt ausbleiben, ist sie zu stark, muss ihre Leistung aufwendig gedrosselt werden.

S.44

So bepflanzen Sie einen Teich richtig

Häufige Fehler wie das falsche Substrat oder eine unpassende Pflanzenwahl lassen sich bei sorgfältiger Planung leicht vermeiden. **Eine Checkliste hilft:**

- ❑ maximal zehn Arten auswählen
- ❑ auf unterschiedliche Blütezeiten achten
- ❑ Pflanzen in Gruppen setzen
- ❑ endgültigen Wasserstand beachten
- ❑ Wuchsstärken und Höhenstaffelung bedenken
- ❑ Teichsubstrat verwenden
- ❑ Abdeckung mit Kies

S.46

Gute Pflege, lange Freude

Freude mit dem Teich auf lange Sicht haben Sie nur, wenn Sie ihn richtig pflegen. Welche **Filtersysteme** helfen am besten bei der Pflege? Welche **Wartungsarbeiten** kommen auf Sie zu? Wie vermeidet man zu viele Nährstoffe im Teich? Was bringt ein **Laubschutznetz**? Wie lässt sich ein ökologisches Gleichgewicht erreichen? Ein kurzer Überblick hilft, die richtigen Entscheidungen zu treffen.

S.50

Was passiert im Winter?

Sind die Pflanzen winterhart? Muss die Technik eingewintert werden? Fragen rund um jene Zeit, in der ein Wassergarten „Pause“ hat, werden hier beantwortet.

S.52

Tiere am Wasser

Wasser ist lebendig. Welche Tiere Sie in und an einem Miniteich erwarten können, erfahren Sie hier.

Gut geplant – Miniteiche selbst entwerfen

Auch der Bau eines kleinen Wassergartens erfordert eine umfassende Planung, denn die einzelnen Schritte sind die gleichen wie bei einem großen Teich. Die oft komplexen Bauphasen sollten gut durchdacht und zeitlich koordiniert werden.

So könnten Sie vorgehen:

1. Ideensammlung: Was möchten Sie alles haben? Prioritätenliste anlegen.
2. Überprüfen, ob alle technischen Voraussetzungen (Baubewilligung, Stromanschluss etc.) vorhanden sind und wo der beste Platz im Garten dafür wäre.
3. Zeichnen Sie einen Bestandsplan, er ist Ihre Planungsgrundlage.
4. Erste Entwurfspläne zeichnen, Materialentscheidungen treffen, Form und Größe überlegen.
5. Kostenkalkulationen (mit und ohne Eigenleistung) durchführen.
6. Fertigen Plan mit umfassender Detailplanung, Einkaufsliste und Zeitablauf erstellen.

004 **Einkaufsliste:** Damit Sie unterwegs nichts vergessen, haben wir eine Checkliste zusammengestellt.

Erst wenn Wasserpflanzen ausgetrieben sind, können Sie ihre Qualität beim Einkauf einwandfrei kontrollieren.

Das Sonnensegel ist eine elegante Lösung, um ein Wasserbecken dauerhaft und „nach Maß“ zu beschatten.

Eine Kindersicherung muss nicht hässlich sein. Den Beweis liefert dieses handgefertigte, stabile Schutzgitter.

Vom Bestandsplan über den Entwurf zum fertigen Plan

Ein Bestandsplan beinhaltet alle planungsrelevanten Kenndaten wie Höhenmarken, Einbauten (Grundriss von Haus, Mauern, Pergola usw.) und technische Anschlüsse (Wasser, Strom, Kanal usw.). Jetzt haben Sie alle wichtigen Eckpfeiler Ihrer Planung. Legen Sie ein Transparentpapier darüber: Nun können Sie mit der freien Hand per Bleistift Ihre kreativen Ideen aufs Papier bringen. Meist kristallisiert sich während mehrerer Entwurfszeichnungen eine Art Kernidee heraus. Achten Sie besonders darauf, dass sich etwa ein Wasserbecken in Form und Größe harmonisch ins Gesamtkonzept einfügt. Hier helfen Bezugspunkte in unmittelbarer Nähe: Gibt es Mauer- oder Hauskanten oder architektonische Details, die in die Form des Beckens einfließen könnten?

Sicher ist sicher

Als Eigentümer muss man prinzipiell dafür sorgen, dass Gefahrenquellen gut abgesichert sind. Das Thema Wasser im Garten ist immer brisant, stehen doch die Unfälle mit Kindern in Verbindung mit Wasser an oberster Stelle der Statistik. Denken Sie dabei nicht nur an die eigenen, sondern auch an die Kinder von Gästen oder Nachbarn. Planen Sie Teiche oder Wasserbecken nur an einer einsichtigen Stelle, die von den Erwachsenen gut im Auge behalten werden kann, am besten vom Sitzplatz aus. Ein Zaun etwa um einen Teich verringert das Risiko für Kleinkinder, garantiert aber keine absolute Sicherheit. Vor allem größere Kinder sehen die Barriere eher als Herausforderung zum Überklettern an. Automatische Bewegungsmelder mit Warnsirene in Pools oder Wasserbecken haben nur dann einen Sinn, wenn sie gewissenhaft überprüft und auch jederzeit gehört werden können. Kleine Teiche oder Wasserbecken können mit einem stabilen, waagrechten, knapp unter der Wasseroberfläche montierten Gitter abgesichert werden. Auch wenn solche Schutzgitter nur benötigt werden, solange die Kinder klein sind, so lohnt es sich dennoch, auch auf die Ästhetik zu schauen. Statt eines nüchternen Stahlgitter fügt sich ein kunstvoll geschmiedetes Schutzgitter einfach besser in den Garten ein.

Verwenden Sie elektrische Pumpen oder Leuchten in Verbindung mit Wasser nur mit Niederspannung (12 V). Alle Elektroinstallationen sollten unbedingt nur von Fachleuten durchgeführt werden.

Meistens gibt es wenig Stellfläche für Materialien. Alle Bauabschnitte müssen daher optimal koordiniert werden.

Kleinere Schalenteiche lassen sich auch alleine einbauen, größere Becken heben Sie bequemer zu zweit hinein.

Materialien – zum Bauen und Befüllen

Wasserdicht auf lange Sicht. Die Abdichtung ist das A und O bei Teichen, Bachläufen oder Wasserbecken. Um auch längerfristig lecksicher in die Zukunft zu blicken, sollten Sie hier nicht sparen und nur Stärken ab 1 mm wählen. Am weitesten verbreitet sind PVC-Folien, die sich auch sehr gut kleben lassen. Sie verlieren allerdings mit den Jahren nicht nur die enthaltenen Weichmacher, sondern auch ihre ursprüngliche Elastizität. Alternativen zum wenig umweltfreundlichen PVC sind EPDM-Synthesekautschukplanen, die auch nach Jahren elastisch bleiben. Sie sind jedoch um einiges teurer und lassen sich nur mit einem Schweißautomaten oder vor Ort mit einem Industrieföhn schweißen. Teichplanen aus EPDM-Synthesekautschuk werden daher in der Regel nach Maß gefertigt. Zum Schutz der Folie wird immer auch ein Vlies aus Polypropylen in die Mulde eingelegt. Neben diesen beiden Abdichtungsmaterialien gibt es zwar noch andere, die jedoch bei kleinen Becken oder Teichen selten zum Einsatz kommen. Sie können sich natürlich auch für Fertigbecken aus PE (Polyethylen) oder glasfaserverstärktem Polyester entscheiden – diese sind formstabil, robust und einfach einzubauen.

Becken aus Naturstein, Beton oder Klinker

Gemauerte oder auch betonierte Becken müssen im Normalfall immer extra abgedichtet werden. Besser als eine Folie ins Becken einzulegen und es damit dicht zu bekommen, sind feste, formstabile Kunststoffbecken. Folien faltenfrei und anliegend ins Becken einzuschweißen und zu befestigen ist meist mühsam und schwierig. Ein Kunststoffbecken braucht man nur waagrecht aufstellen. Es lässt sich mit Steinen, Fliesen oder Klinkern verkleiden. Bei schwarzen Kunststoffbecken wirkt das Wasser etwas düster. Alternativ dazu kann die Farbe Blau gewählt werden.

Trendmaterialien

Metall scheint unaufhaltsam auch die Gärten zu erobern. Ob es nun der schön rostige, braunrote Cortenstahl oder der blank polierte Edelstahl ist, beide Materialien sind in Kombination mit Wasser eine gute Wahl. Solche Becken können Sie als Sonderanfertigungen bei metallverarbeitenden Firmen nach Maß bestellen oder aber auch auf vorgefertigte Modelle zurückgreifen – eine wesentlich günstigere Alternative. Leider ist dagegen das Angebot an Edelstahlbecken noch sehr eingeschränkt. Bei kleinen Miniteichen aus anderen Materialien ist die Auswahl um einiges größer. Polyesterbecken bestechen durch ihre organisch runden Formen. Sie sind formstabil und lassen sich ähnlich wie Fertigbecken aus PE leicht mit Holz, Natursteinen oder Klinkern verblenden.

Ebenfalls gut geeignet für Miniwasserteiche sind Becken aus Faserzement (Eternit). Die formschönen, originellen wie bemerkenswerten Produkte mancher Hersteller legen davon Zeugnis ab. So können Sie innerhalb einer Produktlinie aufeinander abgestimmte und harmonierende Wasserbecken, Pflanzgefäße und Sitzmöbel kaufen. Manche Produkthersteller arbeiten sogar mit international renommierten Designern zusammen. Die einzelnen Komponenten – vom Sitzmöbel bis zur Dekoschale – passen nicht nur harmonisch zusammen, sondern sind auch in der Form aufeinander abgestimmt.

Schwere Becken sollten wegen ihres hohen Eigengewichts stets auf ein solides Fundament gestellt werden.

Edelstahl passt gut in moderne Gärten. In Form und Qualität gibt es eine große Bandbreite an Wasserspielen.

Miniteiche selbst bauen

Die beste Grundlage ist eine kleine, maßstabsgetreue Skizze, in der die Form festgelegt wird und alle Höhen eingetragen sind. Übertragen Sie den Umriss des Teiches mit hellem Sand oder Markierspray auf den Boden. Achten Sie auf die Zonenaufteilung: Graben Sie gut 10 cm tiefer, als die spätere Zone sein soll, da durch die Kiesabdeckung der Folie Wassertiefe verloren geht. In die tiefste Zone werden später die Seerosen gesetzt. Die Flachwasserzone erstreckt sich von 10 bis 30/40 cm Wassertiefe, die anschließende Sumpfzone verläuft bis ans flache Ufer.
Achten Sie darauf, dass Sie die Uferböschungen nicht steiler als im Verhältnis 1:3 graben, da hier sonst leicht Schotter abrutscht und solche kahlen Böschungen nur schwer kaschiert werden können.

Abdichten und bepflanzen

Haben Sie das Teichprofil ausgehoben und abgerecht, legen Sie zuerst ein Schutzvlies aus Polypropylen (200 bis 300 g/m^2) und danach die Teichfolie (Folienstärke mindestens 1 mm) hinein. Der Folienbedarf ermittelt sich wie folgt: Teichbreite + 2 x Tiefe + 2 x 40 cm Überlappung (Ränder).
Zur Abdeckung der Folie hat sich Kies in der Körnung zwischen 8 und 32 mm bewährt. Die Pflanzen selbst setzt man am besten in Kunststoffgitterkörbe in ein spezielles nährstoffarmes Teichsubstrat, sonst wird kein weiteres Substrat in den Teich eingebracht. Achten Sie auf eine exakte Trennung zwischen Teich und trockenem Ufer – hier darf keine Verbindung bestehen (Kapillarsperre!).

In wenigen Stunden zum eigenen Teich

Schneller geht der Bau mit vorgefertigten Schalenteichen: Stellen Sie das Kunststoffbecken auf und übertragen Sie mit Messlatte und Wasserwaage den Beckenrand mit hellem Sand auf den Boden. Graben Sie rundum gut 30 cm größer aus, um später beim Einpassen des Beckens genügend Spiel zu haben. Die Teichsohle wird um 15 cm tiefer ausgehoben als die Beckenhöhe, damit Platz für eine Ausgleichsschicht Sand ist. Dieses Sandbett muss mit einer Wasserwaage exakt waagrecht abgezogen werden. Jetzt kann das Becken hineingestellt und seitlich zwischen Beckenwand und Erdreich mit Sand verfüllt und behutsam eingeschlämmt werden. So werden Hohlräume und spätere Setzbewegungen vermieden.

005 **Steb by Step:** Wie Sie ein Wasserbecken mit Quellstein selbst bauen können, zeigt Ihnen diese Fotoserie.

SCHRITT FÜR SCHRITT ZUM WASSERBECKEN

1. Ausbalanciert Das konische Kunststoffbecken aus PE wird mit der Wasserwaage auf das Betonfundament gestellt und perfekt ausgerichtet.
2. Steine schichten Reihe um Reihe wird das Becken mit einem Klinkermörtel verblendet.
3. Mit Zementmilch Die vorletzte Reihe besteht aus schmaleren Klinkersteinen, um einen perfekten Abschluss zu ermöglichen. Für noch besseren Halt wurde hier Zementmilch auf dem Klinkermörtel verwendet.
4. Der Abschluss Nach der letzten Reihe werden die Fugen grob ausgeputzt und mit Fugenmörtel ausgefugt. Eine Fuge bleibt für das Stromkabel frei und wird später (lösbar) mit grauem Silikon dicht gemacht.

Technik & Co. – das steckt dahinter

für jede Verwendung Die passende Pumpe! Am einfachsten zu installieren sind Tauch-Kreiselpumpen (Nassläufer). Sie werden einfach ins Becken gestellt, sind nicht selbstansaugend und haben meist schon einen Schwammfilter vor dem Ansaugstutzen eingebaut. Aber Vorsicht: Diese Pumpen dürfen nicht trocken laufen, sonst besteht die Gefahr der Überhitzung. Damit sie bodennahen Schlamm nicht ansaugen und zu schnell verschmutzen, müssen sie etwa 20 cm davon entfernt aufgestellt werden. Selbstansaugende Pumpen können dagegen auch trocken, also außerhalb der Wasserstelle in einem Pumpenschacht aufgestellt werden. Das ist zwar aufwendiger, hat aber auch Vorteile: Die Pumpe ist bei der Wartung gut zugänglich, leistungsstärker, und es gibt keinen potenziellen direkten Kontakt von Strom und Wasser.

Feinabstimmung

Sollen mehrere höhengestaffelte Fontänen genau justiert werden, so hat sich für die Feinabstimmung eine regulierbare Anspeisung mit einem Verteilerkopf bewährt. Über einen Kugelhahn für jede Fontäne kann durch die Drosselung der Durchflussmenge die Fontänenhöhe genau eingestellt werden.

Mitgerissene Luft mischt sich ins Wasser. Durch die Luftblasen wirkt das Wasser schön weiß.

Richtige Fördermenge

Quellsteine können schon mit 20- oder 25-Watt Pumpen betrieben werden. Hier bewährt sich der Einsatz von Fotovoltaik, wie auch bei anderen kleinen Wasserspielen. Über ein an einer sonnenexponierten Stelle aufgestelltes Paneel fließt Strom, der Quellstein sprudelt nur tagsüber. Bachläufe, Wasserfälle oder größere Springbrunnen brauchen mehr Power. Die Förderleistung ist abhängig von Steighöhe, Durchflussmenge und Querschnitt der Zu- und Ableitung. Mittels der Pumpenkennlinie, die jeder Pumpe beigelegt ist, lässt sich auch ihre Leistung ermitteln.

Es gibt auch regulierbare Pumpen. Sie sind vor allem dann sinnvoll, wenn die Durchflussmenge vor Ort erst getestet und dann fein justiert wird. In der Leistung regulierbare Pumpen sind teurer als Standardpumpen mit einer fixen Förderleistung. Billigmodelle haben meist eine kurze Lebenserwartung. Qualitätspumpen können – wenn ie gut gewartet und gepflegt werden – zehn Jahre oder länger laufen.

Wartung von Filtern und Pumpen

Erwärmt sich das Wasser im Sommer, so herrschen auch für die unerwünschten Fadenalgen ideale Bedingungen, sich optimal zu entwickeln. Das vermehrte Algenwachstum führt dazu, dass Pumpen – mit oder ohne kombinierte Teichfilteranlagen – ständig auf ihre Funktion hin kontrolliert werden müssen. Verlegte Filter (Gitterkörbe, Filterschwämme in Pumpen) sollten kontinuierlich gereinigt und verstopfte Pumpen gesäubert werden. Die dauerhafte Blockade des Laufrades in der Pumpe führt meist zu Schäden.

1

2

3

RUND UM DIE PUMPE

1. Ein Dreifachverteiler samt separater Durch-fluss-Steuerung durch Kugelhähne bringt die gewünschte Menge Wasser zu den einzelnen Sprudlern.
2. Schwache Tauch-Kreiselpumpen (hier mit Effektdüsenset) haben nur eine Leistung von etwa 20 Watt, sind sparsam im Verbrauch und reichen für kleine Wasserspiele völlig aus.
3. Durch den lösbaren Bajonettverschluss lässt sich die Tauchpumpe rasch herausnehmen, säubern oder einwintern. Der Verschluss wird einfach an den Anschlussstutzen angeschraubt.

Pflanzen einsetzen – ab in den Teich

Der schönste Teil kommt zuletzt: das Pflanzen. Vermeiden Sie klassische Anfangsfehler, eine spätere Korrektur kostet nur Geld und große Mühe.

Gestaltungstipps zur Bepflanzung

— Beschränken Sie sich auf maximal zehn Arten. Achten Sie auf die Blütezeit, bei kluger Auswahl blüht der Teich fast das ganze Jahr über. Denken Sie auch an Unterwasserpflanzen wie Hornblatt, sie tragen viel zu einer guten Wasserqualität bei.

— Setzen Sie mehrere Wasserpflanzen einer Art in 3er-, 4er-, oder 5er-Gruppen und nicht wahllos durcheinander.

— Achten Sie auf den endgültigen Wasserstand und setzen Sie die Pflanzen in die richtigen Zonen. Setzen Sie von innen nach außen und beginnen Sie mit den Seerosen, wenn der Teich halbgefüllt ist.

— Achten Sie auf die Wuchsstärke und Höhenstaffelung: Platzieren Sie große Pflanzen nach hinten, niedrige in Richtung Sitzplatz oder Haus.

— Verwenden Sie nur beim Pflanzen in Teichkörben Teichsubstrat, bringen Sie sonst kein weiteres Substrat in den Teich ein. Nehmen Sie ein für Wasserpflanzen geeignetes spezielles Teichsubstrat (Fachhandel), keinesfalls Gartenerde oder Kompost.

— Decken Sie nicht nur die Folie, sondern auch das Substrat mit Kies ab, um Verunreinigung durch ständiges Aufwühlen zu vermeiden.

Für kleine Becken Kunststoffgefäße werden einfach auf die für die Wasserpflanze richtige Tiefe abgesenkt, wenn nötig muss mit Ziegelsteinen ein Sockel gebaut werden.

Wasserpflanzen setzen

1. Nehmen Sie den Kunststoffcontainer (meist 9 x 9 x 9 cm) in die Hand, drehen Sie ihn vorsichtig um und versuchen Sie durch leichtes Klopfen gegen eine Kante, den Wurzelballen aus dem Topf zu lösen.
2. Graben Sie mit einer Setzschaufel behutsam ein Loch in die Kiesabdeckung, stellen Sie den Wurzelballen hinein und decken Sie danach die oberste Erdschicht mit einer dünnen Lage Kies ab.
3. Wählen Sie beim Setzen in einen Gitterkorb für den Korb die 1,5- bis 2,5-fache Breite des gekauften Topfes und setzen Sie die Wasserpflanze erdgleich in den Korb ein. Der Gitterkorb wird auf die richtige Wasserhöhe in den Teich gestellt oder in Kies ein wenig eingegraben.

Dicht an dicht?

Die Pflanzdichte pro Quadratmeter hängt von der Wüchsigkeit der gewählten Arten ab. Bei schwachwüchsigen Sumpfpflanzen wie Rosen-Primeln oder Siegwurz können Sie fünf bis sieben Stück pro Quadratmeter setzen. In der Regel reichen aber drei Pflanzen pro Quadratmeter, da Teichpflanzen aufgrund der guten Wasserversorgung rasch wachsen. Wenn Sie sich bei der richtigen Auswahl unsicher fühlen, hilft Ihnen das Fachpersonal in Wasserpflanzengärtnereien gerne weiter (Adressen siehe S. 76).

DAS BRAUCHEN SIE ZUR PFLANZUNG:

1. **Pflanzen & Material** Nährstoffarmes Teichsubstrat, Hornspäne nur für den Wurzelballen der Nährstoffzehrer (z. B. Seerosen), Kies und Pflanzkörbe.
2. **Pflanzung in Gitterkörbe** Hier bekommen die Pflanzen mehr Platz. Sie lassen sich außerdem leicht nach der Saison herausnehmen und überwintern.

006

Fotoserie zur Seerosen-Pflanzung: Hier sehen Sie Schritt für Schritt, wie eine Seerose gesetzt wird.

Pflege & Reinigung für klare Sicht

Für die Oberflächenreinigung von Teichen und Wasserbecken haben sich Skimmer bestens bewährt. Das System ist einfach wie wirkungsvoll: Oberflächenwasser wird mittels Pumpensog über eine Skimmerkante gesaugt, Algen, hineingefallene Blätter und andere Verunreinigungen werden abgefangen und lassen sich praktisch über einen Filterkorb entsorgen. Neben diesem simplen wie einfachen Prinzip gibt es aufwendigere, aber auch kostspieligere Systeme wie Durchlauffilter. Sollen formale Becken oder Rinnen algenfrei bleiben, ist ein UVC-Vorklärgerät die bessere Alternative als chemische Reinigungshilfen. Bei Fertigbecken gibt es auch Komplettsysteme mit Außenfilter, die aufeinander abgestimmt sind.

Algenprobleme? Haben Sie Geduld!

Damit sich im Teich oder Becken ein stabiles ökologisches Gleichgewicht einstellt, braucht es mehrere Monate, manchmal auch länger. Schnelle Lösungen wie chemische Hilfsmittel (z. B. Präparate, die Kupfer enthalten) wirken nur kurzfristig. Versuchen Sie bei übermäßigem Algenwachstum, durch Wassertests die Misere von Grund auf zu analysieren.

Die Zugabe von weichem Wasser, ausreichender Beschattung, der Einbau einer wirkungsvollen Kapillarsperre bei Folienteichen oder mehr Unterwasserpflanzen bringen auf lange Sicht besseren Erfolg.

Massives Algenwachstum trübt bei kleinen und großen Wassergärten gleichermaßen die Freude. Oft, wie auch bei diesem Beispiel, war mangelnde Pflege der Fehler.

Wasserschnelltests geben eine ungefähre Auskunft, professionelle Labortests sind genauer. Dank einer exakten Analyse lässt sich die Pflege besser abstimmen.

Regelmäßig reinigen Schlammfilter sollten regelmäßig gereinigt werden: Durchspülen und ausdrücken, bis sie wieder aussehen wie neu.

Wartung und Pflege

Bevor Sie Wartungsarbeiten an der Pumpe vollziehen, sollten Sie immer zuerst den Netzstecker ziehen. Zu den wichtigsten Wartungsarbeiten gehört das regelmäßige Reinigen der Filter. Schwammfilter lassen sich einfach herausnehmen und unter Fließwasser säubern. Nicht frostsichere Tauch-Kreiselpumpen müssen über Winter ausgebaut und im Keller in einem Kübel Wasser überwintert werden. Skimmer sollten regelmäßig entleert und die Sogleistung überprüft werden. Bei UVC-Vorklärgeräten muss nach einer bestimmten Betriebsstundenanzahl die UV-Lampe getauscht werden.

Nährstoffeintrag verhindern

Eine der wichtigsten Pflegemaßnahmen bei dauerhaft bepflanzten Miniwassergärten beginnt mit dem Laubfall. Auf die Wasseroberfläche fallende Blätter sinken rasch zu Boden. Am Teich- oder Beckengrund werden sie über Winter zersetzt und setzen eine große Menge Nährstoffe frei. Die sich zersetzenden oder bei Sauerstoffmangel verfaulenden Blätter beeinträchtigen die Wasserqualität. Die Folge davon ist ein erhöhtes Algenwachstum im kommenden Frühjahr. Um dem entgegenzuwirken, spannen Sie am besten schon ab September ein engmaschiges Laubschutznetz, das im Spätherbst, wenn die Laubbäume kahl sind, wieder entfernt werden kann.

Probleme mit Algen? Unterwasserpflanzen wie Hornblatt sind direkte Konkurrenten der Plagegeister und wichtig für eine gute Wasserqualität, denn sie produzieren Sauerstoff.

Laubschutznetz Ein feinmaschiges Netz im Frühherbst verhindert den Nährstoffeintrag durch zersetztes Laub im Teich: Rundum beschweren oder dicht abspannen!

Gut gepflegt durch die Urlaubszeit

Die Sorge um Pflanzen und Tiere während der Urlaubswochen wirft schon lange vor der Abreise ihre Schatten voraus. Damit es keine bösen Über-raschungen beim Heimkommen gibt, sind Vorkehrungen sinnvoll. Man glaubt es kaum, aber je kleiner das System, desto störungsanfälliger ist es auch. Während man sich bei einem gro-ßen Teich kaum Gedanken machen muss, wenn man ein paar Wochen fernbleibt, kann eine Hitzeperiode das Ende für einen kleinen Miniteich bedeuten, wenn sich niemand in Ihrer Abwesenheit um ihn kümmert. Regelmäßige Kontrolle des Wasserstandes und Nachfüllen sind die wichtigste sommerliche Routine – wie das Gießen im restlichen Garten. Alternativ können Sie auch eine automatische Wassernachfüllung (Schwimmschalter) installieren und aktivieren. Platzieren Sie mobile Miniteiche in Kübeln oder

DER MINITEICH MACHT URLAUB

Bringen Sie einen Miniteich im Kübel doch einfach zu einem Nachbarn! Stabile Untersetzer mit Rollen, wie sie auch für Kübelpflanzen Verwendung finden, machen einen Transport zur Urlaubsvertretung nebenan relativ einfach. Sackkarren bewältigen den Weg im Treppenhaus oder über die Straße noch komfortabler.

Wasser nachfüllen gehört zur sommerlichen Routine und sollte auch während Ihres Urlaubs erledigt werden.

Schalen für die Zeit, in der Sie nicht da sind, im Schatten: Ein kühler, schattiger Ort ist auf jeden Fall besser als die pralle Sonne.

Technik macht Pause?

Pumpen können trockenlaufen, Schlauchverbindungen lösen sich ab und zu, Filter verstopfen schnell: Die Technik hinter dem Wassergärtchen muss gewartet werden. Entweder Sie haben jemanden zur Hand, der alle diese manchmal sogar täglich anfallenden Routine- und Kontrollarbeiten für Sie erledigt, oder Sie schalten die Geräte, wenn das möglich ist, einstweilen ab. Bachläufe, Quellsteine, Wandbrunnen: Überlegen Sie, was eine Weile ohne Wasser auskommt? Teiche, Becken und Wasserspiele ohne Pflanzen können eine Urlaubspause machen. Bepflanzte Bereiche hingegen, etwa Anstaubecken in Bachläufen, dürfen aber trotzdem nicht austrocknen.

Nicht vergessen: Checkliste für die Urlaubsvertretung

- ❑ Wasser nachfüllen bei Miniteichen oder Bachläufen und Quellsteinen in der Sonne
- ❑ Algen und andere Verunreinigungen wie Blätter nach Gewitter etc. abfischen
- ❑ Bei Starkregen: Überlauf bei Teichen kontrollieren
- ❑ Pumpenfilter regelmäßig säubern
- ❑ Filterkorb bei Skimmer entleeren (Kompost)
- ❑ Wasserstand bei Teichen kontrollieren: Bei raschem Absinken die Kapillarsperre unter die Lupe nehmen und instand setzen
- ❑ Fische füttern

007

Damit nichts vergessen wird: Diese Checkliste können Sie oder Ihre Urlaubsvertretung auch direkt runterladen.

Urlaubsvertretung Die Balkon- oder Gartenpflanzen gießen, wenn Sie verreist sind – wer macht das für Sie? Auch ein Miniteich braucht jemanden, der sich um ihn kümmert.

Überwinterung leicht gemacht

Die meisten Sumpf- und Wasserpflanzen sind winterhart und können zeitweilig durchfrieren. Einige ziehen sich in ein Rhizom, eine Knolle oder eine Überwinterungsknospe am frostfreien Teichgrund zurück und warten dort auf bessere Zeiten. Im Miniteich mit seiner geringen Wassertiefe kann es aber in strengen Wintern bis zum Boden frieren, was etwa Seerosen dann den Garaus macht. Das gilt besonders für Pflanzen in Gefäßen, denn hier kann die Kälte von allen Seiten ansetzen. Je kleiner das Gefäß, desto gefährdeter ist sein Inhalt für Frostschäden, denn der Wasserkörper friert leichter komplett durch.

Eisfreihalter

Eine Eisdecke kann nicht nur bei kleinen Fischteichen problematisch sein. Der Sauerstoffaustausch ist unterbunden – was durch im Herbst stehen gelassene Pflanzen mit ihren hohlen Stängeln teilweise abgemildert wird. Sich zersetzende Pflanzenreste am Teichgrund verbrauchen ebenfalls Sauerstoff und entwickeln bei Sauerstoffmangel giftige Gärgase. Ein Eisfreihalter hält stets eine Stelle offen – ganz ohne Energie wie im Fall der aus ökologischer Sicht verzichtbaren Teichheizungen. Es ist nicht nötig, ein Modell aus dem Handel zu erwerben. Eisfreihalter sind aus Styropor- oder Hartschaumplatten und einem 60 cm langen Wasserrohr mit Krümmung am Ende recht einfach selbst zu bauen (Anleitungen finden Sie im Internet).

Keine Pause im Winter

Tropische und subtropische Wasserpflanzen legen im Winter keine Pause ein – man sollten sie hell und je nach Art kühl oder wohltemperiert

Winter im Zimmer Wasserhyazinthen lieben die Zimmerwärme, brauchen aber einen sehr hellen Platz oder eine Zusatzbeleuchtung, da sie besonders lichthungrig sind.

bei mindestens 15 °C überwintern. Manche wie Wassersalat oder Wasserhyazinthe lieben sogar Zimmerwärme, leiden aber als lichthungrige Wesen in Innenräumen unter Lichtmangel und kümmern meist dahin. Ob sich Zusatzbeleuchtung lohnt oder Sie die Pflanzen einfach jedes Jahr neu kaufen, ist Ansichtssache. Bei tropischen Seerosen lohnt sich der Aufwand schon eher, außerdem blühen manche Arten dann auch verlässlich – und wer hat schon blühende Seerosen im Winter? Ein heller, beheizbarer Wintergarten ist der ideale Ort für sie.

Die Saison ist vorbei! Der Miniteich wird mit einer Sackkarre ins Haus gebracht, wo er frostfrei überwintert.

Knollen und Rhizome

Geht eine helle, warme Überwinterung nicht, so kann man tropische Seerosen als Knollen überwintern, eingeschlagen in feuchtem Sand. Um die Pflanzen zur Knollenbildung anzuregen, gibt es unterschiedliche Rezepte wie in enge Töpfe pflanzen, nicht mehr düngen usw., die Methoden variieren von Art zu Art. Winterharte Seerosen, deren Blätter von selbst im Herbst absterben, kann man problemlos draußen im Teich überwintern. Bei Miniteichen ist es meist besser, die Rhizome herauszunehmen und in einem Eimer frostfrei, aber mit Wasser bedeckt aufzubewahren.

DRAUSSEN BLEIBEN

Haben Sie keinen Platz, um Gefäße frostfrei zu überwintern, so entleeren Sie sie und decken sie mit einem passenden Holzbrett oder einer Metallplatte regen- und schneesicher ab. Luftpolsterfolien, Styroportafeln, Laub, dicke Juteschichten und Ähnliches isolieren gegen die seitlich einwirkende Kälte.

Winterschutz für Gefäße

Winterschutz betrifft auch die Kübel, Tröge und Wannen. Freistehend und mit Wasser gefüllt gehen sie leicht zu Bruch oder beulen aus, wenn sich das Eis ausdehnt. Die Form des Gefäßes spielt dabei eine große Rolle: Eine konische, sich nach oben erweiternde Form gibt dem Eis Raum, gerade oder gar sich nach oben verjüngende Seitenwände sind dagegen ungünstig.

Das Beste für die Gefäße ist es jedoch, sie als Ganzes in den Keller oder einen anderen frostfreien, kühlen Raum zu bringen. Wenn keine Pflanzen enthalten sind, kann das Winterquartier auch ruhig dunkel sein. Achten Sie darauf, dass sich der Raum nicht erwärmen kann, etwa durch intensive Frühjahrssonne durchs Fenster, damit sich das Wasser nicht vorzeitig erwärmt. Denn treiben die Pflanzen zu früh aus, nehmen sie Schaden, wenn es wieder abkühlt, der vermeintliche Vorsprung entpuppt sich dann als Rückschlag. Im Frühling, wenn keine Fröste mehr zu befürchten sind, kehrt der Miniteich an seinen Freiluftplatz zurück und die Pflanzen treiben wie bei einem normalen Gartenteich wieder aus.

Tierische Gäste im und am Miniteich

Libellen umschwirren sogar den kleinsten Teich. Wasser ist zwar ein Magnet für zahlreiche Tiere, die Lebensbedingungen in einem kleinen Teich sind aber eingeschränkt. Warten Sie, was sich von selbst etabliert und versuchen Sie, den kleinen Lebensraum so vielfältig und so optimal wie möglich zu gestalten. Es macht nicht nur wenig Sinn, Froschlaich oder Kaulquappen auf gut Glück in den Gartenteich zu setzen. Alle Amphibien stehen unter Naturschutz. Wenn Frösche, Molche oder Kröten von selbst kommen, freuen Sie sich! Verzichten Sie dann lieber auf Fische, denn die meisten Arten ernähren sich liebend gern vom Amphibiennachwuchs.

Apropos Fische ...

Fische im Gartenteich – ein häufiger Wunsch. Da ihre Haltung aber mit einigem Wissen, technischem Aufwand und gelegentlich auch mit Problemen wie übermäßiger Wassererwärmung verbunden ist, ist von Fischen in Miniteichen eher abzuraten. Der kleine Wasserkörper zeichnet sich ohnehin durch ein wenig stabiles ökologisches Gleichgewicht aus, und Fische verlagern die Bedingungen nur noch ins Extreme. Doch abgesehen von Fragen der Fütterung, Wasserbelastung durch Exkremente, Überwinterung etc.

Der Blut-Weiderich blüht den ganzen Sommer lang und lockt zahlreiche Schmetterlinge wie diesen Zitronenfalter an.

Kröten bevorzugen für die Eiablage Gewässer ohne Fressfeinde. Auch hier können sich bald Kaulquappen tummeln.

Auf die Verstärkung kommt es an: Schallblasen machen ein Froschkonzert erst zu dem, was es ist.

ist eine artgerechte Haltung in einem kleinen Teich schon allein aus Platzgründen nicht realisierbar. Auch kleine Fische brauchen ihr Territorium, und wenn es sich um Schwarmfische handelt, dann sollten es auch Schwärme sein: Ein Pärchen ist längst nicht genug!

... und Stechmücken?

Die Larven dieser sommerlichen Spaßverderber entwickeln sich nur in stehenden Gewässern, denn Wasserbewegung hindert sie an ihrer Entwicklung. Quellsteine, Bachläufe und andere Wasserspiele sind daher von ihnen nicht betroffen, sehr wohl aber ruhigere Randbereiche oder zum Beispiel Anstaubecken in Bachläufen. Und fällt einmal die Pumpe aus, so tummeln sich innerhalb von wenigen Tagen Larven im Wasser. Nach mehreren Häutungen schlüpfen sie alsbald. Vorausgesetzt, es fehlen ihre Fressfeinde, also Amphibien, Libellen- und Käferlarven und andere Räuber. In manchen Miniteichen und vor allem in unbepflanzten Wasserbecken mit ihrer reduzierten Wasserfauna ist genau das meist der Fall. Die Eiablage sollte man daher auf jeden Fall verhindern, sei es durch die Installation eines Wasserspiels oder, wie im Fall von Regenwassertonnen, durch eine Abdeckung. Ist es zu spät, so hilft ein biologisches Präparat: Bacillus thuringensis subsp. israelensis, eine Bakterien-Art, die nach Ausbringung ins Wasser die Larven der Stechmücken zum Absterben bringt, für andere Organismen aber unschädlich ist.

TIERFREUNDLICHER AUSSTIEG

Selbst ein Miniteich kann eine tödliche Falle sein. Kein flaches Ufer, sondern senkrechte Wände, wenige Pflanzen ... da kann es schon passieren, dass kleine Säugetiere darin ertrinken. Ein schräg angelehntes Brettchen, mit Quersprossen versehen, dient als Notausstieg.

BLÜTENPRACHT & GRÜNE STARS

Porträts

Pflanzen für Miniteiche

S. 58

Sumpfig & feucht

Ständig feuchte Erde und einige Zentimeter Wasserstand. Der Teichrand beherbergt einige schöne Sumpfpflanzen, die auch im Sumpfbeet wachsen können, einem ständig nassen, aber nicht überstauten Biotop.

S. 64

Flachwasserpflanzen

Mehr als 10 cm Wasserstand. Zwischen Sumpfzone und Seerosen ist das Revier von so bekannten Arten wie Froschlöffel, Tannenwedel oder Hechtkraut (Foto rechts). Da viele dieser Wasserpflanzen sehr wüchsig sind, ist eine wohl überlegte Pflanzenwahl im Miniteich besonders wichtig.

Hinweise zu den Gruppen

Die Übergänge im Wasser sind fließend. Viele Pflanzen haben eine große Bandbreite – sie wachsen vom Rand in tiefere Bereiche oder erobern von dort das sumpfige Ufer. Die Wassertiefe ändert sich mit Trockenheit oder starken Regenfällen. Betrachten Sie die in den Porträttexten angegebenen Wassertiefen einfach als jene Zone, wo sich die Pflanzen garantiert wohlfühlen.

S. 68

Kein Teich ohne Seerose

Im Miniteich kommen bei geringer Wassertiefe nur Zwergseerosen in Frage, aber unter ihnen gibt es auch bezaubernde Sorten. Obwohl fast alle winterhart sind, können sie bei kleinen Gefäßen Schaden nehmen. Überwintern im Haus ist sicherer.

S. 74

Sie leben unter Wasser

Die Gruppe der Unterwasser-, Schwimm- und Schwimmblattpflanzen trägt erheblich zu einer **guten Wasserqualität** bei. Sei es durch Schatten spendende Schwimmblätter, durch Anreicherung des Wassers mit Sauerstoff oder durch direkte Aufnahme von Nährstoffen aus dem Wasser – als direkte Konkurrenten zu den Algen. Entscheiden Sie sich am besten für mehrere verschiedene Unterwasserpflanzen: Diejenige, die mit den Bedingungen zurechtkommt, setzt sich durch.

S. 70

Tropen-Schönheiten

Sie kommen aus den tropischen und subtropischen Regionen der Erde und haben so exotische Namen wie Afrikanische Wasserähre (Foto links), Feenmoos oder Wasserhyazinthe. Sie fühlen sich nur in den heißesten Monaten bei uns im Freien wohl und müssen frostfrei überwintert werden.

Sumpfpflanzen für nassen Boden

Sumpf-Calla

Calla palustris

Wasserstand 0 bis 5 cm.
Wuchs Aus den am Boden kriechenden Rhizomen treibt die bei uns heimische Pflanze herzförmige, etwas „dickfleischige“ Blätter.
Wuchshöhe Bis 25 cm.
Blüte Ab Juni/Juli, dank des weißen Hochblattes besonders auffällig, wobei die eigentlichen Blüten auf dem grün-gelblichen Kolben in der Mitte sitzen. Die roten Beerenfrüchte sind giftig.
Verwendung Miniteiche, Schalen und Sumpfbeete im Halbschatten und Schatten; eher kalkarmes Wasser und leicht saures Bodensubstrat.

Sumpfdotterblume

Caltha palustris

Wasserstand 0 bis 5 cm.
Wuchs Wächst in einem Horst aus herz- bis nierenförmigen Blättern mit gezackten Rändern.
Wuchshöhe 20 bis 30 cm hoch.
Blüten Ab März bis spätestens Mai erscheinen glänzend goldgelbe Blüten. Weiße und gelb gefüllte Sorten sorgen für Abwechslung.
Verwendung Wichtiger heimischer Frühblüher für Miniteiche, Schalen und Sumpfbeete in Sonne und Halbschatten. Am besten mit anderen Sumpfpflanzen wie Vergissmeinnicht, Rosen-Primel und Gauklerblume kombinieren.

VON STÄNDIG FEUCHTER ERDE BIS ZU 10 CM ÜBERFLUTUNG REICHEN DIE BEDINGUNGEN, unter denen sich Sumpfpflanzen wohlfühlen. In kleinen Gefäßen sind unterschiedliche Wassertiefen kaum zu realisieren, Sumpfbeete sind eine Alternative.

Sumpf-Gladiole, Siegwurz

Gladiolus palustris

Wasserstand 0 bis 10 cm.
Wuchs Heimische Knollenpflanze mit schwertähnlichen, aber weich überhängenden Blättern.
Wuchshöhe 30 bis 60 cm.
Blüte Im Juni und Juli schiebt sich aus der Mitte der Blätter ein auffallender Blütenstand mit nach einer Seite geneigten, dunkelrosa Blütentrichtern. Nach der Blüte zieht die Pflanze ein.
Verwendung Geeignet für den sumpfigen Rand ohne Wasserüberstand von Miniteichen und Sumpfbeete in sonniger Lage. Knollen im Herbst pflanzen oder gekaufte Pflanzen setzen.

Chamäleonpflanze

Houttuynia cordata 'Chameleon'

Wasserstand 0 bis 10 cm.
Wuchs Unverkennbar durch die herzförmigen, dreifarbigen Blätter. Die hübsche Pflanze aus Ostasien neigt zum Wuchern, daher immer wieder dezimieren.
Wuchshöhe 20 bis 40 cm.
Blüte Weiße Hochblätter; unscheinbare Einzelblüten sitzen auf dem Kolben in der Mitte.
Verwendung Temporäre Miniteiche an einem sonnigen Ort, die im Winter entleert werden (nicht zuverlässig winterhart), bevorzugt leicht saures Bodensubstrat.

Flatter-Binse

Juncus effusus

Wasserstand 0 bis 10 cm.
Wuchs Rundstielig, kann durch Ausläufer wuchern. Bei Überhandnehmen dezimieren!
Wuchshöhe 40 bis 50 cm.
Blüte Scheinbar seitlich sitzend wird die braune Blüte von der vermeintlichen Halmspitze überragt, die aber das unmittelbar unter dem Blütenstand ansetzende Tragblatt darstellt – das einzige Blatt des Stängels übrigens. Die restlichen Blätter sind reduziert, die Fotosynthese übernimmt der grüne Stiel. Der Blütenstand ist nicht so kompakt „kopfig" wie bei der Zwerg-Binse, sondern lockerer.
Verwendung Heimische Binse für Miniteiche und Sumpfbeete in Sonne und Halbschatten.
Empfehlenswerte Sorte Besonders interessant ist die Sorte 'Spiralis' mit korkenzieherartig gedrehten Stielen, die alle Blicke auf sich zieht.

Zwerg-Binse

Juncus ensifolius

Wasserstand 0 bis 5 cm.
Wuchs Die Halme sind bei dieser Art charakteristisch flach gedrückt und sowohl Grund- als auch Stängelblätter sind schmal und bis 25 cm lang (Name!), entfernt an Grashalme erinnernd. Diese aus Nordamerika stammende Art wächst durch kurze Ausläufer rasenartig in dichten Beständen mit frischgrünen Halmen und Blättern.
Wuchshöhe 20 bis 30 cm.
Blüte Ab Juli trägt die Pflanze am Ende der Halme bis in den Herbst hinein recht lange schmückende braune Blüten- und dann Fruchtköpfchen. Um die ungewollte Verbreitung durch Samen einzudämmen, sollten die braunen Köpfchen im Herbst entfernt werden.
Verwendung Für Miniteiche, Sumpfbeete und Schalen in Sonne und Halbschatten geeignet, wenn sie bei Überhandnehmen dezimiert wird.

Pfennigkraut, Münzkraut

Lysimachia nummularia

Wasserstand 0 bis 5 cm.
Wuchs Die kleine heimische Pflanze bedeckt den Boden durch lange dünne, stets am Boden kriechende und sich an den Knoten immer wieder bewurzelnde Triebe, an denen die kleinen, rundlichen (Name!) Blätter sitzen.
Wuchshöhe 5 cm.
Blüte In den Blattachseln erscheinen ab Juni den ganzen Sommer über gelbe Blüten.
Verwendung Wächst oder hängt dekorativ über den Rand von Miniteichen, Sumpfbeeten und Schalen in Sonne und Halbschatten. Gedeiht auch in normalem Gartenboden, daher ideal zum Kaschieren unschöner Folien- oder Beckenränder, wenn sie außerhalb gepflanzt wird. Auch als Bodendecker geschätzt.
Empfehlenswerte Sorte 'Aurea' hat gelbgrün gefärbte Blätter.

Blut-Weiderich

Lythrum salicaria

Wasserstand 0 bis 10 cm
Wuchs Straff aufrechte Triebe mit an Weiden erinnernden, schmalen Blättern.
Wuchshöhe 70 bis 150 cm.
Blüte Im Sommer erscheinen an den Spitzen purpurrosa Blüten in dichten, meist über 10 cm langen Ähren, die von zahlreichen Faltern und Schmetterlingen besucht werden.
Verwendung Wichtiger heimischer Sommerblüher mit langer Blütezeit für die Hintergrundbepflanzung in Miniteichen und Sumpfbeeten. Uferbepflanzung außerhalb des Teiches ist in normaler Gartenerde möglich.
Empfehlenswerte Sorte 'Robert' wächst in normaler Gartenerde (wird in der Gärtnerei bei den Blütenstauden einsortiert) und eignet sich daher gut, um einen Teich und die Umgebung optisch zu verbinden.

Wasser-Minze

Mentha aquatica

Wasserstand 0 bis 10 cm.
Wuchs Gezähnte, typische Minzeblätter, manchmal rot überlaufen, mit angenehmem Minzaroma. Die heimische Pflanze treibt munter Ausläufer und kann daher nicht für ganz kleine Wasserbecken oder Schalen empfohlen werden.
Wuchshöhe 40 cm.
Blüte Die Blütezeit erstreckt sich von Juni bis August mit hellrosa bis purpurrosa Blüten, die im oberen Teil der Pflanze in rundlichen Blütenköpfchen sitzen.
Verwendung Miniteiche und Sumpfbeete in Sonne und Halbschatten, wenn der Ausbreitungsdrang im Auge behalten wird. Ihr angenehmer Duft spricht für eine kontrollierte Verwendung in der Nähe eines Sitzplatzes. Die Blätter sind auch als Tee oder zur Aromatisierung von Getränken oder Desserts im Sommer gut zu verwenden.

Blaue Gauklerblume

Mimulus ringens

Wasserstand 0 bis 10 cm.
Wuchs Die in den USA beheimatete Pflanze treibt aus kurzen Ausläufern straff aufrechte Triebe mit länglichen, etwas gesägten Blättern, die ohne Stiel direkt am Stängel sitzen (jeweils zwei gegenüber).
Wuchshöhe 60 bis 80 cm.
Blüte In den Blattachseln erscheinen von Juni bis August hübsche, 2 cm große, leuchtend blaue Blüten.
Verwendung Schöne Hintergrundpflanze für sonnige Miniteiche und Sumpfbeete. Wertvoller Sommerblüher mit besonderer Blütenfarbe.
Gelb blühende Arten Ähnliche „Gauklerblüten" weist *M. luteus* auf. Sie wird maximal 40 cm groß. *M. guttatus* hingegen wird etwas höher. Beide Arten säen sich stark aus, wodurch sie lästig werden können. Die gelben Gauklerblumen sind nicht zuverlässig winterhart.

Rosen-Primel

Primula rosea

Wasserstand 0 cm.
Wuchs Wächst horstig und treibt keine Ausläufer, wuchert also auch nicht. Zur Blütezeit sind die Blätter der Rosette noch klein, sie wachsen dann zu einer Höhe von 10 bis 15 cm weiter. Die aus Indien stammende Rosen-Primel ist im Vergleich zu anderen Primel-Arten am Wasser recht langlebig, wenn ihr die Bedingungen einmal zusagen.
Wuchshöhe 10 bis 20 cm.
Blüte Die dunkelrosa Blüten fallen inmitten der noch schütteren Ufervegetation im März/April sehr auf. An einem Stiel sitzen bis zu einem Dutzend recht große Einzelblüten in einer Dolde zusammen.
Verwendung Erster Frühjahrsbote im Sumpfbeet oder am Teichrand ohne Überflutung in Sonne bis Halbschatten, selbst für kleinste Gefäße, Schalen und Tröge geeignet.

Sumpffarn

Thelypteris palustris

Wasserstand 0 bis 10 cm. Im Sumpfbeet zieht er Halbschatten vor und gedeiht sogar noch im Schatten. Steht er im Wasser, ist auch ein sonniger Standort problemlos möglich.
Wuchs Dünne, munter kriechende Rhizome bilden dichte Bestände aus. Die zarten Wedel in frischgrüner Farbe sorgen zwischen den anderen Pflanzen für angenehme Abwechslung. Die Pflanze kann wuchern, daher immer wieder dezimieren, wenn sie ihre Nachbarn zu verdrängen droht.
Wuchshöhe 40 bis 50 cm.
Blüte Als Farn trägt die Pflanze keine Blüten. Die Vermehrung erfolgt über Sporen, die auf der Blattunterseite ausfallen.
Verwendung Miniteiche und Sumpfbeete von Sonne bis Halbschatten. Der bei uns heimische Sumpffarn bevorzugt weiches (kalkarmes) Wasser und leicht saures Bodensubstrat.

Pflanzen für flaches Wasser

Kalmus

Acorus calamus

Wasserstand 0 bis 25 cm.
Wuchs Heimische Pflanze mit knolligem Rhizom, aus dem im Frühling die schwertartigen, am Rand meist gewellten, duftenden Blätter sprießen. Bei Überhandnehmen Pflanzen teilen.
Wuchshöhe 80 bis 100 cm.
Blüte Ab Juni erscheinen die Blüten in einem weißlich-gelblichen, etwas gebogenen Kolben, der seitlich in ca. 15 cm Höhe ansetzt.
Verwendung Für Sonne oder Halbschatten.
Schöne Sorte 'Variegatus' mit gelbgrünem Laub bringt etwas Farbe ans Ufer.

Froschlöffel

Alisma plantago-aquatica

Wasserstand 10 bis 30 cm.
Wuchs Knolliges Rhizom, aus dem ein Blattschopf aus länglich-herzförmigen Blättern (Name!) sprießt.
Wuchshöhe Blätter 40 cm, Blütenstand 80 cm.
Blüte Aus der Mitte des Blattschopfs erhebt sich ab Juni ein ausladender, sparriger, interessanter Blütenstand mit vielen kleinen, weißen oder hellrosa Blüten in mehreren Etagen.
Verwendung Miniteiche in Sonne bis Halbschatten. Die heimische Pflanze kommt in Einzelstellung schön zur Geltung.

IM ETWAS TIEFEREN WASSER zwischen 10 und 30 cm gedeihen viele attraktive Pflanzen. Unter ihnen sind schöne Sommerblüher wie auch Arten, die durch ihr frisches Grün oder ihren charakteristischen Wuchs bezaubern.

Schwanenblume

Butomus umbellatus

Wasserstand 20 bis 30 cm.
Wuchs Einem langsam kriechenden Rhizom entspringen grasartige Blätter.
Wuchshöhe Blattschopf 50 cm, Blütenstände 100 cm.
Blüte Ab Juni bis August. Die Dolde besteht aus bis zu 30 kleinen Einzelblüten in den Farben Hellrosa, seltener in Weiß oder Dunkelrosa.
Verwendung Miniteiche, wenn das Substrat ausreichend Nährstoffe für diesen heimischen Starkzehrer bereithält (sonst Kümmerwuchs und Blühfaulheit).

Winter-Schachtelhalm

Equisetum hyemale

Wasserstand 0 bis 20 cm.
Wuchs Unverwechselbar. Runde, im Gegensatz zu anderen Schachtelhalmen unverzweigte dunkelgrüne Halme mit schwarzen Querstreifen. Wuchert stark, daher unbedingt stets in wurzeldichte Gefäße pflanzen und immer wieder kontrollieren, ob sich die robuste Pflanze nicht durch Ausläufer aus dem Topf davongemacht hat.
Wuchshöhe 100 bis 150 cm.
Verwendung Heimische Solitärpflanze für Miniteiche, unter Vorbehalt auch für gemischt bepflanzte Miniteiche in Sonne oder Halbschatten.

Tannenwedel

Hippuris vulgaris

Wasserstand 10 bis 30 cm.
Wuchs Aus dem unermüdlich kriechenden Rhizom entsprießen dicht in Quirlen beblätterte, unverzweigte „Wedel", die an Tannenzweige mit Nadeln oder an Mini-Schachtelhalme erinnern. Die Wüchsigkeit der Pflanze kann in Miniteichen rasch zum Problem werden. Regelmäßiges Dezimieren ist wichtig, wenn man die zum Standardsortiment gehörende Pflanze im Garten haben möchte.
Wuchshöhe 30 bis 40 cm.
Blüte In den Blattachseln sitzen kleine, beinah unsichtbare, rötliche Blüten, die aber zum Zierwert dieser eigentümlichen, bei uns heimischen Pflanze nichts beitragen.
Verwendung Größere Miniteiche, wenn die Pflanzen regelmäßig dezimiert werden.

Asiat. Sumpf-Schwertlilie

Iris laevigata

Wasserstand 0 bis 20 cm.
Wuchs Kurzes dickes Rhizom. Typisch schwertförmige Blätter ohne deutlich hervortretende Mittelrippe (im Gegensatz zu *Iris-Kaempferi*-Hybriden).
Wuchshöhe 60 bis 80 cm.
Blüte Große, auffällige, weit geöffnete Blüten mit meist deutlich größeren, äußeren Hängeblättern.
Verwendung Anspruchslose Art aus Ostasien, die das ganze Jahr im Teich stehen kann.
Weitere Art Die sehr ähnlichen *Iris-Kaempferi*-Hybriden gelten als schwierig zu kultivieren: Im Sommer wollen sie es nass, im Herbst und Winter jedoch trockener ohne Überflutung (Wasserstand absenken!). In einem Gefäß ist das aber kein Problem. Kalkarmes Bodensubstrat und viele Nährstoffe sind weitere Bedingungen der anspruchsvollen *Iris*-Gruppe.

Hechtkraut

Pontederia cordata

Wasserstand 10 bis 30 cm.
Wuchs Wächst horstig und treibt keine Ausläufer, wuchert also auch nicht. Hechtkraut wird zwar meist wegen seiner blauen Blütenfarbe gepflanzt, aber auch die stattlichen, frischgrün glänzenden Blätter sind schmückend.
Wuchshöhe 50 cm Blattschopf, 70 cm Blütenstand.
Blüte Über den Blättern erheben sich von Juni bis August blaue, auffallende Kerzen mit den sternförmigen Einzelblüten.
Verwendung Wertvoller blauer Sommerblüher aus Nordamerika für kleine Teiche, die im Winter entleert werden, da das Rhizom nicht ganz winterhart ist. Im Miniwassergarten oder Kübel reicht ein Exemplar völlig aus, das allerdings viele Nährstoffe benötigt.

Mini-Rohrkolben

Typha minima

Wasserstand 0 bis 20 cm.
Wuchs Kriechendes Rhizom, das langsam größere, kompakte Bestände von grasartig schmalen, blaugrünen Blättern bildet. Bronzegelbe Herbstfärbung der Halme und Blätter schmückt Miniteiche im Herbst.
Wuchshöhe 50 bis 70 cm.
Blüte Ab Mai, manchmal auch schon ab Mitte April, zeigen sich die typischen rundlich-ovalen Blütenkolben, der weibliche Teil der Blüte. Der männliche, deutlich schmälere Kolben befindet sich darüber und löst sich bald nach der Blüte auf, während die weiblichen Fruchtstände länger zieren, bis sie sich in Tausende federleichte Samen auflösen.
Verwendung Einziger heimischer Rohrkolben für Miniteiche, als schwachwüchsige Alternative für andere *Typha*-Arten mit länglichen Kolben, attraktiver Herbstschmuck.

Klein & fein – Seerosen

Zwergseerose 'Baby Red'

Nymphaea 'Baby Red'
(syn. 'Perry's Baby Red')

Wasserstand 15 bis 30 cm.
Wuchs Rundliche, dunkelgrüne, glattrandige Blätter mit 10 bis 30 cm Durchmesser. Sehr kompakter Wuchs.
Blüte Kräftig rote, bis 9 cm Durchmesser große, schalenförmige Blüten, die auf dem Wasser schwimmen (außer bei deutlich zu flachem Stand), von Juni bis September.
Verwendung Verträgt etwas Schatten.
Besonderheiten Reich und lang blühend, lange schön bleibendes Laub.

Zwergseerose 'Froebelii'

Nymphaea 'Froebelii'

Wasserstand 30 bis 50 cm.
Wuchs Ovale, unterseits purpurn bis bräunlich überlaufene Blätter, Durchmesser 12 bis 15 cm, Einschnitt weit gespreizt.
Blüte Von Juni bis August. Karminrot, 8 bis 10 cm Durchmesser, meist einige Zentimeter über dem Wasser stehend (nicht nur bei zu flachem Stand).
Besonderheit Blüte bleibt stets ein wenig geschlossen (kelchförmig wie eine Tulpenblüte), blüht aber zuverlässig auch bei kühlem Wetter und bleibt am Nachmittag lange geöffnet.

FÜR MINITEICHE gibt es ein kleines, aber feines Sortiment an Zwergseerosen mit geringer Wuchsstärke.

008 **Seerosen in Hülle und Fülle:** Weitere Sorten für Miniteiche und Schalen finden Sie hier.

Wohlriechende Seerose

Nymphaea odorata var. minor

Wasserstand 30 bis 50 cm.
Wuchs Fast runde Blätter von 10 bis 12 cm Durchmesser. Einschnitt tendenziell eher geschlossen oder sogar überlappend.
Blüten Weiße, duftende, schalenförmige Blüten von Juni bis September. 7 bis 9 cm Durchmesser, die meist einige Zentimeter über dem Wasser stehen (nicht nur bei zu flachem Stand).
Besonderheiten Blüht sehr verlässlich und sieht sehr natürlich aus, hat Ähnlichkeit mit der heimischen Weißen Seerose, die für Miniteiche viel zu starkwüchsig ist.

Zwergseerose 'Helvola'

Nymphaea x pygmaea 'Helvola'

Wassertiefe 15 bis 30 cm.
Wuchs Sehr kleine (7 x 5 cm), zierende, ovale Blätter. Dekorativ braunrot marmoriert mit markanten Flecken. Die Ecken der beiden Lappen sind auffallend abgerundet.
Blüte Hellgelb bis schwefelgelb, 3 bis 5 cm Durchmesser, sternförmig, leicht duftend, von Juni bis September.
Verwendung Auch für kleine Schalen geeignet, blüht auch noch verlässlich im Halbschatten.
Besonderheiten Einzige gelbe Zwergseerose. Rhizom frostfrei überwintern.

Tropische und subtropische Wasserpflanzen

Afrikanische Wasserähre

Aponogeton distachyos

Wasserstand Ab 30 cm.
Wuchs Aus einem knolligen Rhizom treiben längliche Schwimmblätter.
Wuchshöhe Blüten 10 cm über Wasserspiegel.
Blüte Weiß, intensiv nach Vanille duftend; Blüten ragen als einziger Pflanzenteil übers Wasser. Oft Blühpause im Hochsommer, ansonsten blüht sie von Mai/Juni bis Oktober.
Überwinterung Im Haus oder ab 50 cm Wassertiefe auch im Teich.
Verwendung Temporäre, nicht zu kleine Miniteiche mit guter Nährstoffversorgung.

Feenmoos

Azolla caroliniana

Wasserstand Ab 10 cm.
Wuchs Frei schwimmende zarte Farnpflanze aus den Subtropen Nordamerikas, deren Wurzeln frei ins Wasser hängen und daraus Nährstoffe aufnehmen. Die samtige Behaarung macht die Oberfläche unbenetzbar, ihre Farbe variiert von blaugrün zu rostrot, vor allem im Spätsommer und Herbst. Überzählige Exemplare können leicht abgefischt werden.
Wuchshöhe 5 cm.
Überwinterung Hell und warm im Haus.
Verwendung Temporäre Teiche und Schalen.

SIE KOMMEN ALLE AUS WARMEN GEGENDEN und finden bei uns als tropische oder subtropische Geschöpfe nur in den heißesten Monaten ein Zuhause draußen im Freien. Den Winter sollten sie frostfrei im Haus verbringen.

Zyperngras

Cyperus alternifolius

Wasserstand 10 bis 20 cm.
Wuchs Aus einem kurzen Rhizom wachsen im Querschnitt dreieckige Halme.
Wuchshöhe 80 bis 100 cm.
Blüte Endständige braune, gestielte Blüten, die von einem dekorativen Kranz langer Hochblätter umgeben sind.
Überwinterung Im Winter als Zimmerpflanze halten.
Verwendung Temporäre Miniteiche. Schön auch als Solist im eigenen Becken oder Trog. Liebt Sonne, Hitze und Feuchtigkeit.

Wasserhyazinthe

Eichhornia crassipes

Wasserstand Ab 10 cm.
Wuchs Die Rosetten schwimmen dank ihres blasig-bauchigen Blattstiels, im flachen Wasser bewurzeln die Pflanzen auch.
Wuchshöhe 5 cm (Blattrosette), 20 cm (Blüte).
Blüte Von Juli bis Oktober zeigen sich die großen, schönen, helllila Blüten.
Überwinterung Nur sehr hell ab ca. 15 °C möglich, gelingt selten, daher werden diese aus dem tropischen Amerika stammenden Pflanzen meist neu gekauft. Sie entwickeln sich sehr rasch.
Verwendung Temporäre Teiche und Schalen.

Blaue Nil-Seerose

Nymphaea colorata

Wasserstand 30 cm.
Wuchs Runde Schwimmblätter mit gewelltem Rand und 20 cm Durchmesser, Einschnitt nur wenig geöffnet. An der Unterseite treten die Blattadern deutlich hervor.
Wuchshöhe Die Blüten stehen bis 15 cm über dem Wasser – eine Besonderheit tropischer Seerosen, ebenso wie die blaue Blütenfarbe.
Blüte Die Blüten sind blauviolett gefärbt, mit einer hübsch kontrastierenden gelben Mitte und einem lila Kranz aus auffallenden Staubgefäßen, leicht duftend. Sehr reich blühend, wenn die Pflanze genügend Nährstoffe bekommt, daher gezielt im Wurzelbereich nachdüngen. Wärmebedarf erstaunlich gering: Sie blüht auch noch bei 18 °C Wassertemperaturen weiter.
Überwinterung Hell, bei mindestens 15 °C.
Verwendung Temporäre Miniteiche, Kübel ab 1 m^2 Wasserfläche. Ideal für Wintergärten.

Tropische Seerose

Nymphaea x daubenyana

Wasserstand 30 cm.
Wuchs Kreuzung aus den zwei afrikanischen Seerosenarten *N. caerulea* und *N. micrantha*. Längliche Schwimmblätter mit deutlichem Einschnitt, Oberseite grün, Unterseite oft rötlich überlaufen. Eine Besonderheit dieser Art ist ihre Viviparie: Die Pflanze bildet direkt an den Schwimmblättern Tochterpflanzen aus, die man weiterkultivieren kann.
Wuchshöhe Die Blüten werden bis 10 cm über dem Wasser gehalten.
Blüte Die Blüten dieser afrikanischen Seerose variieren zwischen Pastellblau und Hellviolett, fast weiß. Sie blüht sehr reich, wenn sie genügend Nährstoffe bekommt (gezielt im Wurzelbereich nachdüngen!).
Überwinterung Hell, bei mindestens 15 °C.
Verwendung Temporäre Miniteiche, Kübel ab 1 m^2 Wasserfläche. Ideal für Wintergärten.

Wassersalat

Pistia stratiotes

Wasserstand Ab 10 cm.
Wuchs Frei schwimmende, an Salatköpfe erinnernde fleischige, samtig behaarte Rosetten, deren Wurzeln frei ins Wasser hängen und Nährstoffe aufnehmen. Das Wasser perlt an der überaus dichten Behaarung ab und bleibt in hübschen Perlen auf den Blättern hängen
Wuchshöhe 10 cm.
Blüte Die sommerlichen Blüten der Muschelblume sind winzig und unscheinbar.
Überwinterung Die Überwinterung – nur hell und warm ab etwa 15 °C möglich – gelingt selten, daher werden die Pflanzen aus dem tropischen Amerika meist neu gekauft. Sie entwickeln sich aber sehr rasch.
Verwendung Für temporäre Miniteiche und Schalen.

Schwimmfarn

Salvinia natans

Wasserstand Ab 10 cm.
Wuchs Frei schwimmende Farnpflanze aus Südostasien (in vielen Ländern eingebürgert) ohne Wurzeln, denn die ins Wasser hängenden, scheinbaren „Wurzelbüschel" sind das dritte, fein zerteilte Blatt, die beiden anderen schwimmen, scheinbar paarig, auf der Oberfläche. Ein deutlich erkennbares Relief nebst Behaarung machen diese Blätter unbenetzbar und Wassertropfen bleiben als funkelnde Perlen daran hängen. Der raschen Vermehrung einfach durch Abfischen überzähliger Exemplare begegnen.
Wuchshöhe 5 cm.
Überwinterung Pflanze hell und warm im Haus überwintern.
Verwendung Für temporäre Miniteiche und Schalen.

Unterwasser- & Schwimmblattpflanzen

Hornkraut

Ceratophyllum demersum

Wasserstand Ab 30 cm.
Wuchs Frei schwimmende, heimische Unterwasserpflanze ohne Wurzeln. Aus auf den Grund gesunkenen Winterknospen wachsen Triebe, deren raue Blätter sehr fein zerteilt sind.
Wuchshöhe Wächst unter Wasser. Schnelles Wachstum, vor allem bei nährstoffreichem Wasser, aber leicht zu dezimieren.
Blüte Die Blüten erscheinen ab Juni, sind aber winzig und praktisch unsichtbar.
Verwendung Miniteiche und Schalen in Sonne und Halbschatten.

Kleefarn

Marsilea quadrifolia

Wasserstand 10 bis 20 cm.
Wuchs Am Boden kriechendes dünnes Rhizom. Die unverkennbare Pflanze ähnelt einem vierblättrigen Glücksklee. Die bei uns heimische Pflanze liebt nährstoffreiches Wasser und Wärme (nicht zuverlässig winterhart).
Wuchshöhe Nicht nur bei zu flachem Wasserstand werden manche Blätter 10 bis 20 cm übers Wasser gehalten, andere wiederum schwimmen.
Verwendung Temporäre Miniteiche und Schalen in Sonne und Halbschatten.

SCHWIMMENDE BLÄTTER ODER ROSETTEN, TAUCHENDE PFLANZEN, am Grund verwurzelt oder ganz unabhängig vom Bodensubstrat, sind unverzichtbar im Miniteich – sie sorgen für eine gute Wasserqualität.

Wasser-Hahnenfuß

Ranunculus aquatilis

Wasserstand Ab 20 cm.
Wuchs Am Grund kriechendes Rhizom, das flutende Ausläufer entsendet. An deren Enden schaukeln ab Juni kleine Rosetten aus Schwimmblättern. Die Blätter sind deutlich gelappt.
Wuchshöhe 5 cm.
Blüte Aus der Mitte der Rosette erheben sich von April bis September zart gestielte, weiße, maximal 5 cm übers Wasser gehobene Blütchen mit hübscher gelber Mitte.
Verwendung Auch ideal neben Quellsteinen, da die heimische Pflanze Wasserbewegung liebt.

Krebsschere

Stratiotes aloides

Wasserstand Ab 30 cm.
Wuchs Die schmalen Blätter der bei uns heimischen Pflanze sind sehr steif und am Rand deutlich gesägt. Mittels immer neuer Tochterrosetten bilden sich dichte Bestände, die aber einfach durch Herausfischen reduziert werden können.
Wuchshöhe 10 bis 20 cm.
Blüte Von Mai bis Juli zeigen sich in der Mitte der Rosette gestielte, weiße, 4 cm große Blüten mit gelber Mitte.
Verwendung Miniteiche in Sonne und Halbschatten.

Nützliche Adressen

Gesellschaft der Wassergartenfreunde

Thomas Steck
Gärtnerei Baum GbR
Strohgäustraße 51
71229 Leonberg
E-Mail: praesident@wassergarten.de
www.wassergarten.de

Gartenteiche und Zubehör

Oase GmbH
Tecklenburger Str. 161
48477 Hörstel
Telefon: 0 54 54 / 80-0
E-Mail: info@oase-livingwater.com
www.oase-livingwater.com
— Fertigteiche, Teichbauzubehör, Wasserspiele, Pumpen, Teichbeleuchtung

NaturaGart Vertriebs-GmbH
Riesenbecker Str. 63–65
49479 Ibbenbühren-Dörenthe
Telefon: 0 54 51 / 59 34-0
E-Mail: info@naturagart.de
www.naturagart.de
— Komplett-Teiche, Teichfolie, Ufer-Bautechnik, Laubschutz-Systeme, Stege, Pflanzkörbe, Dünger, Teichpflanzen

Wasserpflanzen und Seerosen

Wasserpflanzengärtnerei Krause
Inh. Heike Finke
Althener Anger 31 b
04319 Leipzig-Althen
www.wasserpflanzen-krause.de
Telefon: 03 42 91 / 2 22 09
— Seerosen, Schwimmpflanzen, Unterwasserpflanzen, Pflanzen für Ufer-, Sumpf-, Flachwasser-, Tiefwasser- und Filterzonen, Fische

Jörg Petrowsky
Aschauteiche 2
29348 Eschede
Telefon: 0 51 42 / 803
www.seerosensorten.de
— Seerosen, Sumpf- und Wasserpflanzen, Schwimmteiche und Unterwasserpflanzen

Sumpf- und Wasserpflanzen Jürgen Peter
Inh. Robert Peter
Hermann-Löns-Weg 121
42697 Solingen
Telefon: 02 12 / 7 85 29
www.wasserpflanzen-peter-solingen.com
— Seerosen, Sumpf- und Wasserpflanzen

Gärtnerei Rehberg GbR
Frau Britta Rehberg
Warendorfer Str. 259
59227 Ahlen
Telefon: 0 23 82 / 80 63 86
www.wasserpflanzen.de
— Winterharte Seerosen, Lotos, Wasser- und Sumpfpflanzen, Teichmuscheln, Schnecken und Seerosenblüten

Seerosen-Epple
Im Schemming 1/1
71726 Benningen
Telefon: 0 71 44 / 69 51
www.seerosen-epple.de
— Seerosen, Lotos, Sumpf-, Ufer und Wasserpflanzen, Seerosendünger, Pflanzkörbe, Teichfolien, Teichpumpen, Wasseranalysen, Beratung, Planung, Gestaltung

Seerosenkulturen Michael und Franz Berthold GbR
Hadrianstrasse 55
83413 Fridolfing
Telefon: 0 86 84 / 2 26 98 22
www.seerosenkulturen.de

– Wasserpflanzen, Unterwasserpflanzen, Schwimmpflanzen, Uferstauden, Seerosen, Schwimminseln, Teichbau, Teichreinigung

Seerosen-Farm
Erhard W. Oldehoff
Sieglmühle 2
94051 Hauzenberg
Telefon: 0 85 86 / 16 93
www.seerosen-farm.de
– Seerosen, Sumpf- und Unterwasserpflanzen, Sortimente für unterschiedliche Teichgrößen

Teichpflanzen Greinegger
Schafwiesenstr. 63
A-4614 Marchtrenk
Telefon: +43 (0) 664 / 4 63 04 21
www.teichpflanzen.at
– Unterwasserpflanzen, Seerosen, Schilf, Sumpf- und Uferpflanzen, Teichzubehör

Fleischfressende Pflanzen und Moorpflanzen

Erich Maier Botanische Spezialitäten
Hansell 155
48341 Altenberge
Telefon: 0 25 05 / 15 33
www.erichmaier.de
– Moorpflanzen, z. B. Moor-Orchideen, Freiland-Orchideen, Insektivoren, Wollgräser

Spezialgärtnerei für Insektivoren
Thomas Carow
Ümpfigstr. 5
97720 Nüdlingen
Telefon: 09 71 / 9 83 00
www.falle.de
– Informationen und Pflegehinweise zu fleischfressenden Pflanzen

Register

Die **hervorgehobenen** Seitenzahlen verweisen auf Abbildungen.

Bildnachweis

Mit 104 Farbfotos von
Flora Press: 11; Flora Press/The Garden Collection/Gary Rogers: 13; Friedrich Strauß, Au-Seysdorf: 10, 34, 38 re., 45 (beide), 48, 51.

Alle anderen Fotos von Gartenfoto/Alice Thinschmidt und Daniel Böswirth, A-Wien (www.gartenfoto.at).

Impressum

Umschlaggestaltung von Gramisci Editorialdesign/Stefanie Wawer unter Verwendung eines Farbfotos von Flora Press/Barbara Ellger (Umschlagvorderseite) und eines Farbfotos von Flora Press/Royal Horticultural Society/Tim Sandall (Umschlagrückseite).
Die Klappenmotive stammen von gartenfoto.at, mit Ausnahme von Bild 2 in der vorderen Klappe: Flora Press/Milli Freudenberg und Bild 2 in der hinteren Klappe: shutterstock/ANGHI.

Mit 104 Farbfotos.

Gedruckt auf chlorfrei gebleichtem Papier

ISBN 978-3-440-16400-6
Projektleitung: Carolin Küßner
Redaktion und Bildredaktion: Carolin Küßner
Gestaltungskonzept: Gramisci Editorialdesign, München
Gestaltung und Satz: Doppelpunkt, Stuttgart
Produktion: Nina Renz
Druck und Bindung: Westermann Druck Zwickau GmbH, Zwickau
Printed in Germany / Imprimé en Allemagne

FSC
www.fsc.org
MIX
Papier aus verantwortungsvollen Quellen
FSC® C110508